W. Klemm | H.-D. Eggers

Nicolas Custers unfreiwillige Fahrt nach Amerika

Werner Klemm | Hans-Dieter Eggers

Nicolas Custers

unfreiwillige Fahrt nach Amerika

*Ein Siersburger Priester
und die Französische Revolution*

CONTE
VERLAG

Bibliographische Information der Deutschen Bibliothek
Die Deutsche Bibliothek verzeichnet diese Publikation in der Deutschen
Nationalbibliographie; detaillierte bibliographische Daten sind im Internet
über http://dnb.ddb.de abrufbar.

ISBN: 978-3-936950-48-9

© CONTE Verlag, 2007
Am Ludwigsberg 80–84
66113 Saarbrücken

Tel: (06 81) 4 16 24-28
Fax :   (06 81) 4 16 24-44
E-Mail: info@conte-verlag.de
Verlagsinformationen im Internet unter www.conte-verlag.de

Herausgegeben vom Heimat- und Verkehrsverein Siersburg
Das Werk ist in alter Rechtschreibung verfaßt.

Umschlag und Satz: Markus Dawo
Mitarbeit: Manuel Monno
Druck und Bindung: PRISMA Verlagsdruckerei GmbH, Saarbrücken

Inhalt

Prolog

Fort-Royal, 19. September 1800
Sie gaben schon ein sonderbares Bild ab, die vier Männer, die an diesem sonnigen Freitagvormittag die wenigen Stufen zum Amtssitz des Prokurators von Martinique in Fort-Royal[1] umständlich heraufgestiegen waren und jetzt in der großen Vorhalle von einem englischen Offizier in Empfang genommen wurden.

Einer von ihnen trug die dunkelbraune Kutte der Kapuzinermönche. Sein schneeweißes Haar, seine gebeugte Haltung und der einfache Stock, der ihm als Gehhilfe diente, waren untrügliche Zeichen für sein hohes Alter. Die drei Männer in seiner Begleitung waren deutlich jünger. Es war aber zu spüren, daß es etwas Besonderes mit ihnen auf sich haben mußte. Der eine, klein, untersetzt und wohlbeleibt, trug einen Zopf, was hierzulande ungewöhnlich war. Seine viel zu enge schwarze Jacke paßte nicht zu einer kaum bis an die Knöchel reichenden braunen Hose, die durch einen einfachen Strick Halt über den Hüften fand. An seinen nackten Füßen trug er ausgetretene Sandalen. Die beiden anderen waren groß, von kräftiger Statur, und dennoch wirkten sie krank, ausgezehrt, sogar etwas ungepflegt. Ihre abgenutzte, notdürftig geflickte Kleidung stand in einem merkwürdigen Widerspruch zu ihren feinen Gesichtszügen und zu ihrem zurückhaltenden vornehmen Auftreten.

Die Gruppe war angemeldet und wurde von dem Offizier umgehend zum Büro des Statthalters, Colonel Blanc, geführt. Als sie in den großen Raum eingetreten waren, erhob sich Blanc von seinem Schreibtischsessel und ging mit einer einladenden Geste auf die Männer zu. »Sie sind sicher Pater Archangelus«, sagte er zu dem Alten und reichte ihm freundlich die Hand, »und dies sind vermutlich ihre Schützlinge.«

7

»So ist es«, antwortete der Mönch etwas verlegen lächelnd, »darf ich vorstellen?« Er wies auf den kleinen Mann mit dem Zopf: »Pater Marduel«, deutete dann auf den mittleren: »Pater Wagner«, und schließlich: »Pater Custer«. »Nehmen Sie doch bitte Platz, meine Herren«, Blanc wies dabei auf eine Sitzgruppe um einen niedrigen runden Tisch vor dem großen Fenster, das den Blick freigab auf die Bucht von Fort-Royal und eine dort vor Anker liegende Fregatte. Das Büro war in englischem Stil eingerichtet. An der Stirnwand über dem großen Mahagoni-Schreibtisch hing ein Portrait König Georgs III. als deutliches Zeichen britischer Hoheit über die Insel, die erst vor einigen Jahren nach Vertreibung der Franzosen besetzt worden war[a].

Pater Archangelus ergriff nun das Wort und erzählte in ruhigem Ton alles, was er über seine Gäste bislang in Erfahrung gebracht hatte. Blanc hörte aufmerksam zu, schüttelte gelegentlich ungläubig den Kopf und suchte dann das Gespräch mit den drei Priestern: »Es ist ja unglaublich, was Sie an Leiden und Entbehrungen auf sich genommen haben. Ich bewundere Ihre Standhaftigkeit.«

Sie müssen wohl eine gute Stunde beieinander gesessen haben, als der Statthalter schließlich sagte: »Nun, meine Herren, Sie sind uns hier herzlich willkommen, Sie genießen den Schutz Seiner Majestät, des Königs, und wir werden nichts unterlassen, um Ihnen in ihrer Lage behilflich zu sein. Damit nun alles seine Ordnung hat, möchte ich Sie aber bitten, das, was Sie mir soeben berichtet haben, auch zu Protokoll zu geben.«

Er ließ seinen Sekretär rufen und begann langsam und bedächtig zu diktieren, wobei er sich immer wieder seinen Gästen zuwandte und sich die Richtigkeit seiner Angaben bestätigen ließ. Über einen der drei Priester ließ er folgendes aufzeichnen:

---

a Martinique wurde am 20. April 1794 von den Engländern besetzt. 1802 ging die Insel wieder in den Besitz Frankreichs über.

Nicolas Custer, Rekollekt[b] aus der Provinz Luxemburg, Diözese Trier, war aus dem Ordenshause zu Namur. Da er am 8. Dezember 1796 aus dem Kloster von den Franzosen, die sich Belgiens bemächtigt hatten, vertrieben worden war, übernahm er die ihm angetragene Pfarrstelle zu Itzbach im lothringischen Teil der Diözese Trier. Auf seine Weigerung, den Eid des Königshasses zu leisten, wurde er am 11. November 1797 verhaftet, nach Metz ins Gefängnis gebracht und von da nach Rochefort, wo er mit seinem Mitbruder Wagner am 27. Februar 1798 ankam. Nach unsäglichen Leiden und Entbehrungen auf dem Meer landeten sie am 13. Juni in Cayenne und blieben zwei Monate daselbst. Sie zogen nicht mit der großen Deportiertenmasse nach Counanama, sondern ließen sich nach Synamary bringen und mieteten ein Haus, um desto leichter das Mittel zu ihrer Entweichung ausfindig zu machen.

Schließlich wurde das Protokoll unterzeichnet:
Daß diese Aussagen wahr und aufrichtig sind, versichere ich auf meine Ehre und mein priesterliches Wort.

Nicolas Custer[2]

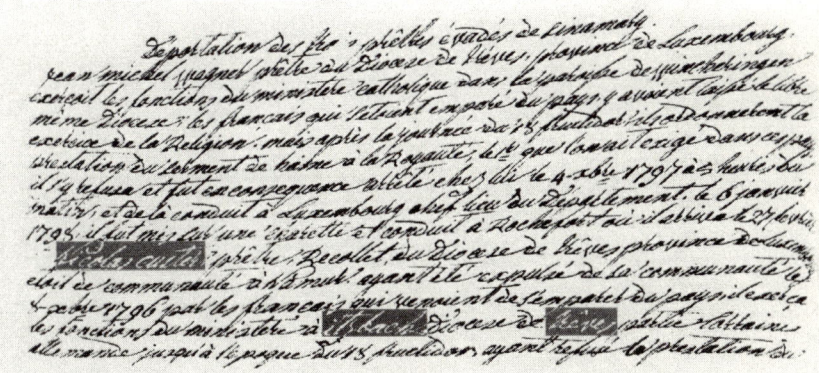

Auszug aus dem Tagebuch des Johann Michel Wagner mit dem Protokoll des Prokurators von Martinique.

---

b Rekollekten waren Mönche (in diesem Fall Franziskaner), die sich die Stille, den Rückzug in die Einsamkeit und die Meditation als Leitmotiv ihrer Lebensführung auserwählt hatten.

Wer aber war dieser Nicolas Custer? Was hatte es mit diesem Mann auf sich?

Vor Jahren war uns sein Name bei der Beschäftigung mit unserer Heimatgeschichte erstmals begegnet. Im Klerikerverzeichnis des Bistums Trier waren wir auf den Eintrag *Nicolas Custer, Pfarrei Itzbach, 1796/97«* gestoßen. Das hatte uns natürlich neugierig gemacht. Ein Priester in unserer Heimatgemeinde in den bewegten Zeiten der Französischen Revolution, von dem wir noch nie etwas gehört hatten?

In einer 1929 in Metz erschienenen Liste von Revolutionsopfern[3] fanden wir Custers Namen dann noch einmal mit wenigen biographischen Daten und dem Hinweis, daß er nach Cayenne deportiert worden war.

Bei diesen dürftigen Informationen blieb es lange Zeit, bis wir durch Zufall Professor Joseph Lahr aus Luxemburg kennenlernten. Er hatte Material über Pfarrer Johann Michel Wagner aus Niederdonven/Luxemburg gesammelt, der ebenfalls nach Cayenne deportiert worden war.[4] Pater Wagner hatte ein umfangreiches Tagebuch über die Zeit seiner Verbannung hinterlassen. Das Original dieser Handschrift hat Professor Lahr beim Abriß von Teilen des alten Pfarrhauses von Niederdonven gefunden und gerettet. Eine Kopie des Tagebuches hat er uns großzügig zur Verfügung gestellt.

Bei der Lektüre der Aufzeichnungen Michel Wagners stellte sich heraus, daß einer seiner Leidensgefährten, der ihn seit der gemeinsamen Haft in Metz, bei dem anschließenden Transport nach Rochefort und schließlich in die Sträflingskolonie von Französisch Guyana ständig begleitete, kein anderer war als der Itzbacher Pfarrer Nicolas Custer. Unser Interesse war jetzt wieder geweckt.

Aus dem Tagebuch erfuhren wir sehr viel über den letzten Lebensabschnitt des Priesters, der kurze Zeit in unserer Heimatpfarrei tätig war.

Da der Gefangenentransport von Metz nach Rochefort, dem Hafen an der Atlantikküste, von dem aus die Deportierten ausgeschifft wurden, genau beschrieben war, konnten wir die Strecke Station für Station nachfahren, um uns vor Ort ein besseres Bild von dem Zug der Verurteilten quer durch Frankreich zu machen. Im Centre Historique de la Marine, dem französischen Marinearchiv in Rochefort, fanden wir freundliche Unterstützung und stießen auf Dokumente, denen wir weitere Einzelheiten über das Schicksal der Deportierten und das Straflager in Guyana entnehmen konnten.[5]

Auch in der näheren Umgebung, im Pfarrarchiv von Fraulautern, wurden wir schließlich fündig. In einer handschriftlich überlieferten Chronik, die auf einen Pastor Siebenborn aus der Nachbargemeinde Hemmersdorf zurückgehen soll, wird das Wirken Custers in einem kurzen Abschnitt beschrieben.

Eine weitere Quelle für unsere Veröffentlichung sind zwei autobiographische Berichte von Männern, die zur gleichen Zeit wie Nicolas Custer eben dort in der Verbannung lebten, Job Aymé, einem oppositionellen Politiker[6] und Ange Pitou[7], Sänger, Dichter und Satiriker. Er war bei den Revolutionären wohlgelitten, solange seine Spottlieder gegen Königshaus und Adel gerichtet waren, als sie aber selber Zielscheibe seines Witzes wurden, fiel er in Ungnade und wurde mit den Priestern nach Cayenne deportiert. Seine Aufzeichnungen sind drastisch und voller makabrer Details. Wir ziehen sie mit heran, um aus einer anderen, einer »weltlichen« Sicht ein Bild vom Schicksal der Verbannten zu vermitteln.

Auch zwei Geistliche, die Pastoren Peter Freymann und Peter Ehrlich, denen das Tagebuch Wagners vorgelegen haben muß, hatten sich in den Jahren 1861 und 1895 des Themas angenommen und es »mit Genehmigung der geistlichen Obrigkeit« als freie Nacherzählungen veröffentlicht.[8] Wenn wir nun unseren Bericht über Nicolas Custer in neuer Form vorlegen, dann in dem Bestreben, diesen Priester, dessen Schicksal für kurze Zeit eng mit dem unserer Heimatgemeinde verbunden war, wieder in Erinnerung zu rufen.

Dieses Buch soll ihm ein ehrendes Andenken sein.

Siersburg, im Frühjahr 2007
W. Klemm   H.-D. Eggers

1. Freiheit, Gleichheit, Brüderlichkeit

Die Philosophie der Aufklärung blieb nicht ohne Folgen für die französische Gesellschaft. An die Stelle von demütiger Untertänigkeit und ehrfürchtigem Glauben trat ein kompromißloser Rationalismus. Die Vernunft wurde zum Maß aller Dinge. Die Bürger lehnten sich immer mehr auf gegen die Privilegien des Adels und des Klerus.

Hier hatte eine absolutistische Monarchie »von Gottes Gnaden« keinen Platz mehr. Auch die Kirche verlor an Macht und Einfluß. Viele Menschen glaubten, ohne Gott auskommen zu können. Er wurde sogar offiziell abgeschafft. Ein »Höheres Wesen« sollte stattdessen verehrt werden.

Als schließlich Adel und Klerus sich weigerten, mit 14. Juli 1789 einem Steuerbeitrag ihren Anteil zur Sanierung der Staatsfinanzen zu leisten, entlud sich der Aufruhr der Bürger in dem »Sturm auf die Bastille«, dem Pariser Stadtgefängnis, am 14. Juli 1789. Die Dämme waren gebrochen, der revolutionäre Kampf war nicht mehr aufzuhalten. Was gestern noch unantastbare Obrigkeit war, war heute schon das *Ancien régime*.

Wer aber jetzt glaubte, nachdem der Frondienst für die Obrigkeit abgeschafft war, werde sich alles zum Besseren wenden, der wurde enttäuscht. Es begann ein Jahrzehnt der Schreckensherrschaft. Das Motto lautete: »Freiheit, Gleichheit, Brüderlichkeit«. »Freiheit«, aber nicht für Adel und Klerus, »Gleichheit«, aber nur für die Gesinnungsgenossen, »Brüderlichkeit« in dem Sinne, »und willst Du nicht mein Bruder sein, so schlag ich Dir den Schädel ein«, was in diesem Falle bedeutete, wer nicht zu den »Brüdern« gehörte oder gehören wollte, wurde nach kurzem Prozeß durch die Guillotine enthauptet.

Anstelle besserer Lebensbedingungen, anstelle der Demokratisierung, trat zunächst das Gegenteil ein. Blut, Terror und Verletzung der elementarsten Menschenrechte überzogen das Land.

21. Jan. 1793 Bald hatte sich die Revolution so fest etabliert, daß nach der Hinrichtung des Königs Ludwig XVI. und seiner Familie der Nationalkonvent in Paris einen folgenschweren Beschluß fassen konnte:

Der Nationalkonvent erklärt im Namen des französischen Volkes, daß er brüderliche Unterstützung und Hilfe allen Völkern gewähren will, die ihre Freiheit wiedererlangen wollen, und beauftragt die ausübende Gewalt, den Generälen die notwendigen Befehle zu geben, damit sie diesen Völkern Hilfe bringen und die Bürger verteidigen, die um der Freiheit willen bedrückt werden oder in diese Gefahr kommen.

Hinter dieser diplomatischen Formulierung verbarg sich nichts anderes als eine Kriegserklärung. Sie war der Beginn der Revolutionskriege außerhalb der Grenzen Frankreichs, unter denen besonders auch unsere Grenzregion zu leiden hatte.

Die Folgen der Revolution in unserer Region

Das Gebiet des heutigen Kreises Saarlouis, das links der Saar liegt, also auch das Dorf Itzbach, heute zur Gemeinde Rehlingen-Siersburg gehörend, war 1766 nach dem Tod Stanislaus Leszcynskis als Teil Lothringens durch Erbschaft an Frankreich gefallen. Diese Gegend war also schon seit einer Generation französisch, und die befestigte Stadt Saarlouis war sogar ein revolutionäres Zentrum. Von hier aus starteten unter dem Motto »Friede den Hütten, Krieg den Palästen« die Eroberungs- und Befreiungsfeldzüge in die reichsdeutschen Gebiete an der Saar, die schließlich

1797/98 zur Vereinigung der Saarregion mit Frankreich führten und die »Franzosenzeit« einleiteten.

Die Ideen der Revolution stießen in Deutschland nicht nur auf Ablehnung. Zum Teil wurden die französischen Truppen beim Überschreiten der Saar sogar als »Befreier« empfangen und Teile der Bevölkerung plädierten offen für den Anschluß an Frankreich. Auch in dem schon zu Frankreich gehörenden Gebiet traf die Revolution zunächst auf fruchtbaren Boden, denn dem Volk ging es schlecht im französischen Königreich. Steuereinnehmer und Zöllner drangsalierten die Bevölkerung auf unerträgliche Weise. So beschwerten sich noch kurz vor der Revolution die Einwohner von Siersdorf, einem Nachbardorf von Itzbach, mit drastischen Worten in einer Petition an den französischen König:

8. März 1789
Mit der Abschaffung der Steuerpacht würde seine Majestät aus Ihrem Königreiche die Füchse vertreiben, die das den Bauern von dero erhabenem Ahnherrn Ludwig XIV glorreichen Andenkens versprochene Huhn verzehren.
Nicht nur das versprochene Huhn verzehren sie, sondern sie nehmen auch noch den Topf mit...
Ist es nicht schandbar, daß bei dem Tor des Zollamtes die Zöllner mit einer höhnischen Kommandostimme einen anschreien: Halt! Halt! Führt Ihr nichts gegen die Bestimmungen des Königs mit Euch? Kaum haben sie diese Worte hervorgestoßen, betasten sie mit ihren frechen Händen den Körper von Personen beiderlei Geschlechts bis zu den geheimsten Stellen, jawohl, zwischen den Titten, jawohl, noch tiefer unter den Unterrock, unter dem Vorwand, ein Händchen Salz oder für zwei Heller Tabak zu suchen.
Wenn sie nur das geringste bei der Person finden, so erfolgt auf der Stelle unter großem Jubel Festnahme und Bestrafung der Protokollierten. Der Mann kommt ins Gefängnis, die Frau verliert den Mann, die Kinder den Vater, und wenn der Vater im Gefängnis

Ein Plakat der deutschen Jakobiner:
Brüderliebe oder Tod

ist, sterben die Kinder an Entkräftung, weil bei den hohen Kosten ein Loskaufen unmöglich ist.[9]

Es war also die blanke Not, die Armut, die den Widerstand der Bevölkerung hervorrief. Doch es änderte sich nichts an den Mißständen. Auch nicht, nachdem das Königtum in Frankreich abgeschafft war.

Hier, genauso wie in den übrigen linksrheinischen deutschen Gebieten, herrschte nach der Eroberung durch die französischen Revolutionstruppen das gleiche Chaos wie im Nachbarland. Zwar gab es die Grundhörigkeit der Bauern und die feudalen Lasten nicht mehr, dafür waren die Landbewohner aber jetzt verpflichtet, Lieferungen an die französische Armee zu leisten und junge Männer als Rekruten zu stellen. Kollaborateure und Sympathisanten gab es genug. Die Profiteure der neuen Gesellschaftsordnung stimmten in ihrer Propaganda auch in unserer Gegend in das revolutionäre Lied ein:

»Ihr Väter, Ihr Kinder, Ihr Greise, Ihr Krüppel, Ihr Arme, Ihr Mitbürger allesamt, welch ein angenehmer Tag ist Euch aufgegangen! Ihr seid alle frei, Ihr seid alle glücklich! Kein Großer mehr kann Euch unterdrücken, Ihr seid ihnen gleich.«[10]

Die Situation der Kirche

Die Kirche übte zu Zeiten des *Ancien régime* ähnlich dem Adel uneingeschränkte Macht aus und nutzte ihre festgeschriebenen Privilegien. Trotzdem war die Kritik und die Auflehnung der meist frommen ländlichen Bevölkerung gegen die Zustände in ihren Pfarreien eher verhalten. Wenn es auch für die neue Freiheitsbewegung einige Zustimmung gab, war die christliche Tradition doch sehr tief verankert. Doch in Groß-Hemmersdorf hatte man Klage geführt:

Die Landbevölkerung wird von einer großen Anzahl von Bettelmönchen verfolgt. Niemand wagt es, sie zurückzuweisen. Sie tragen alles weg, was besser zur Unterstützung der Bedürftigen auf dem Lande eingesetzt würde. Ihre Almosensammlungen sind zu häufig: Bei der Ernte des Getreides, bei der Weinlese, im Herbst sammeln sie Erbsen und Gerste ein, im Winter Gemüse, Butter, Speck, Hanf, Leinen und so weiter. Die Landbevölkerung ist schon dermaßen mit Steuern belastet, der Klerus muß diesen Mißstand abstellen.[11]

Ein Jahr nach dem Sturm auf die Bastille wurde der Katholischen Kirche, der mächtigsten und reichsten Körperschaft des alten Systems, im Juli 1790 eine vollkommene Neuorganisation, die sogenannte Zivilkonstitution, von der Nationalversammlung in Paris aufgezwungen. Das Kirchenvermögen wurde zur Sanierung der maroden Staatsfinanzen eingezogen, und der Klerus erhielt eine Zivilverfassung. Dies bedeutete für die Priester, daß sie fortan Beamte des französischen Staates waren. In der Folge kam es zur Verstaatlichung der Kirchengüter und zur Auflösung aller Klöster und geistlichen Orden, die man ohnehin für Brutstätten der Arbeitsscheu und sittlichen Verwahrlosung hielt. 12. Juli 1790

Im Zuge dieser Veränderungen wurde sogar der christliche gregorianische Kalender durch einen »Revolutionskalender« ersetzt. Man zählte von nun an, beginnend mit dem 14. Juli 1789, die Jahre der Freiheit. Alle Monate erhielten neue Namen[12]. Der Sonntag und alle christlichen Feiertage wurden aufgehoben.

Vier Monate später beschloß die Nationalversammlung weiter, daß jeder Priester folgenden Eid auf die Zivilverfassung abzulegen hatte: 27. November 1790

Ich schwöre,
mit Sorgfalt über die Getreuen der Pfarrei,
die mir anvertraut, zu wachen,
treu zur Nation, zu dem Gesetz und dem König zu stehen
und die Verfassung zu unterstützen,
die von der Nationalversammlung erlassen wurde.

Wer den Eid verweigerte, verlor seine bürgerlichen Rechte, sein Amt, sein Gehalt und seine Pension.

Andenkenteller an den Tag des Eides mit der Aufschrift »Ich schwöre mit aller meiner Kraft die Konstitution zu unterstützen.«

Die französischen Bischöfe protestierten auf das heftigste. Der Papst erklärte die Zivilkonstitution für ungültig.

In der Diözese Trier gab es eine Besonderheit: die Bistumsgrenzen überschritten teilweise die Landesgrenze zwischen Deutschland und Frankreich. Das Dorf Itzbach gehörte politisch zu Frankreich, unterstand aber kirchenrechtlich der deutschen Diözese Trier. Daher wehrte sich auch der Trierer Bischof Clemens Wenzeslaus vehement gegen die neue Zivilkonstitution, aber letztlich vergebens.

Papst Pius VI. verpflichtete seine Priester in einem Sendbrief zur Kirchentreue. Er lehnte den Eid als »falschen und gotteslästerlichen Eid« ab und verurteilte die Zivilkonstitution als

... eine traurige Frucht vieler Ketzereyen, die den katholischen Wahrheiten in vielen Schlüssen zuwider seye und einzig und allein ist erdichtet und erfunden worden, um die katholische Religion gänzlich auszutilgen.

Er verbot unter Androhung der Exkommunikation die Ablegung des Eides und forderte von den Geistlichen, die den Eid bereits abgelegt hatten, einen Widerruf. Sämtliche Amtshandlungen von vereidigten Priestern erklärte er für kraftlos.

Alte Bistumskarte. Die schraffierte Fläche gehörte politisch seit 1766 zu Frankreich, kirchenrechtlich aber zur Diözese Trier.

Die meisten Priester hielten sich an das Gebot der Kirche und verweigerten den Eid. Andere, sei es, daß sie selbst vom revolutionären Geist ergriffen waren, sei es aus Opportunismus oder schlichtweg aus Angst, waren bereit, den Eid zu leisten. So unterschied man in der Priesterschaft romtreue Eidverweigerer (*les réfractaires*) von angepaßten, sogenannten Konstitutionellen oder Geschworenen.

Da die große Mehrheit der Priester treu zur Kirche stand und in den Untergrund ging, geriet die Nationalversammlung immer mehr unter Druck und sah sich schließlich zu rigorosen Maßnahmen veranlaßt. Kirchen wurden geplündert, Altäre, Reliquien und Gräber geschändet. Es gab eine Welle von Hinrichtungen von Priestern, denen es nicht gelungen war zu fliehen. Unter den etwa 1200 Opfern der berüchtigten Septembermorde von 1792 waren rund 300 Priester[13].

DÉCRET

N°. 771.

DE LA

CONVENTION NATIONALE,

Des 21 & 23 Avril 1793, l'un second de la République Françoise,

Portant que les Ecclésiastiques séculiers & réguliers, Frères convers & lais, qui n'ont pas prêté le serment de maintenir la liberté & l'égalité, seront transférés à la Guiane Françoise.

LA CONVENTION NATIONALE décrète ce qui suit :

ARTICLE PREMIER.

Tous les ecclésiastiques séculiers, réguliers, frères convers & lais, qui n'ont pas prêté le serment de maintenir la liberté & l'égalité, conformément à la loi du 15 août 1792, seront embarqués & transférés sans délai à la Guiane Françoise.

I I.

Seront sujets à la même peine ceux qui seront dénoncés pour cause d'incivisme, par six citoyens dans le canton. La dénonciation sera jugée par les directoires de département, sur l'avis des districts.

I I I.

Le serment qui auroit été prêté postérieurement au 23 mars dernier, est déclaré comme non-avenu.

Der Beschluß des Nationalkonvents vom April 1793, nach dem die widerspenstigen Priester nach Guyana zu deportieren seien.

Doch die Bevölkerung war nicht länger gewillt, die schrecklichen Enthauptungen widerstandslos hinzunehmen. Gegenrevolutionäre Bestrebungen machten sich breit. Die Regierung war zum Handeln gezwungen. Die Hinrichtungen wurden ausgesetzt. Stattdessen beschloß die Nationalversammlung am 23. April 1793, Staatsfeinde und auch Priester, die den Eid auf Freiheit und Gesetz verweigerten, in die französische Kolonie Guyana in Südamerika zu deportieren.

DEKRET
Nr. 771 der Nationalversammlung

vom 21. & 23. April 1793, im zweiten Jahre der französischen Republik,

in dem aufgeführt wird, daß weltliche und reguläre Kleriker, Laienbrüder und Laien, die nicht den Eid geschworen haben, Freiheit und Gleichheit zu bewahren, nach Französisch Guyana verbannt werden sollen.

Die Nationalversammlung beschließt folgendes :

Erster Artikel

Alle weltlichen und regulären Kleriker, Laienbrüder und Laien, die nicht den Eid geschworen haben, Freiheit und Gleichheit zu bewahren gemäß dem Gesetz vom 15. August 1792, sollen ohne Verzug eingeschifft und nach Französisch Guyana deportiert werden.

II

Der gleichen Strafe unterliegen auch solche, die wegen Mangels an staatstragender Gesinnung denunziert werden von zehn Bürgern in ihrem Kanton. Die Anklage wird durch die Direktorien des Departements beurteilt nach Anzeige durch die Distrikte.

III

Ein Eid, der vor dem diesjährigen 23. März geschworen wurde, wird für null und nichtig erklärt.

Aus den Berichten vieler Auswanderer in die tropische Kolonie wußte man, daß die Lebensbedingungen dort derart unwirtlich waren, daß die meisten Europäer schon in den ersten Monaten ihres Aufenthaltes in Übersee an Seuchen gestorben waren. So war es der Regierung sehr bewußt, daß die Deportation praktisch gleichbedeutend war mit einem langsamen und qualvollen Tod. Man sprach deshalb sogar von der *guillotine sêche*, der trockenen, der unblutigen Guillotine. Aber das Sterben spielte sich weit entfernt vom

Mutterland Frankreich ab, ohne aktives Blutvergießen und, was sehr wichtig war, ohne Aufsehen.[14]

Dazu Ange Pitou: *Man vermeidet von nun an die blutige Guillotine. Man bevorzugt den Tod auf Distanz, ohne Blutvergießen, trocken, quasi als Akt der Gnade. Es war ein langsamer Tod. Anstatt brutal hinzurichten, ließ man hier auf sparsamer Flamme sterben.*

Die erste Deportationswelle dauerte bis 1794. Bis dahin waren 829 Priester von Rochefort aus ausgeschifft worden, von denen nur 274 überlebten. Im Juli 1794, nach dem Tod von Robespierre, dem gefürchteten Anstifter des Terrors, machte sich eine gewisse Hoffnung im Lande breit. Die schlimmsten Anführer wurden aus ihren Ämtern entfernt, die Gefängnisse begannen sich langsam zu öffnen. Nach und nach wurden alle Priester entlassen, sie durften wieder Gottesdienste abhalten und die Sakramente spenden.

Im September 1797 jedoch waren nach einem Staatsstreich, der von republikanischen Generälen, insbesondere von Napoléon Bonaparte, dem späteren Kaiser, unterstützt wurde, erneut radikale Elemente an die Macht gekommen. Eine ihrer ersten Handlungen war das Wiedereinsetzen der strengen Gesetze gegen sogenannte Staatsfeinde und Priester. Den Klerikern wurde am 19. Fruktidor im Jahr V der Republik ein neuer, schärfer formulierter Eid abverlangt, der als »Königshasser-Eid« in die Geschichte eingegangen ist:

5. September 1797

Ich schwöre Haß dem Königtum,
Ergebenheit und Treue gegen die Republik
und die Konstitution vom Jahre III.

Die Eidverweigerung hatte eine zweite Verhaftungswelle im Lande zur Folge und die Deportationen nach Guyana begannen von neuem.

Papst Pius VI., seit 1775 auf dem Heiligen Stuhl, hatte sich immer entschieden gegen die von Frankreich ausge-

22

henden kirchenfeindlichen Bestrebungen gewehrt. Zunächst sandte
er persönliche Briefe an den König.
Ludwig XVI. war schließlich ein
gläubiger Katholik. Später, nach
dem Dekret zur Säkularisierung,
protestierte er bei jeder Gelegenheit öffentlich gegen die Regierung
in Paris und ermahnte die Priester
zur Kirchentreue.

In seinem Lebenslauf finden
sich deutliche Parallelen zu dem
Schicksal der deportierten Priester.

Im Februar 1798 wurde der
schwerkranke und altersschwache
Papst in Rom von den Revolutionstruppen im Apostolischen Pa-

Papst Pius VI.

last verhaftet und ins französische Exil ausgewiesen. Die
päpstlichen Gemächer wurden geplündert, alles, was wert-
voll erschien, konfisziert. Sogar den Fischerringᶜ zog man
dem wehrlosen Greis vom Finger.

»Sterben könnt Ihr überall«, war die barsche Antwort
des Truppenoffiziers, als Pius um einen gnädigen Tod in
der Heimat bat. Schließlich mußte er, begleitet von zwei
Geistlichen und seinem Leibarzt, eine Kutsche besteigen,
die ihn nach Frankreich bringen sollte. Die beschwerliche
Reise führte über Siena und Florenz zunächst nach Turin,
wo er völlig erschöpft ankam. Der nun anstehende Alpen-
übergang war für den alten Mann eine einzige Strapaze und
wurde bei schneidender Kälte mittels einer Sänfte bewältigt.
In Grenoble traf er nahezu gelähmt ein. In Valence-sur-
Rhône wurde er in dem verwahrlosten Hôtel du Gouverne-
ment interniert. Der Papst, den Goethe einst »die schönste,
würdigste Männergestalt« genannt hatte[15], bot jetzt ein er-
barmungswürdiges Bild. Als der Befehl eintraf, den »Bürger

c Fischerring, lat. anulus piscatorius, der Siegelring des Papstes, benannt nach
dem Siegelbild, auf dem Petrus von seinem Kahn das Fischernetz einzieht.

Papst« nach Dijon zu transportieren, konnte nur der heftige Protest seines Arztes die Weiterreise verhindern. Der Kräfteverfall war jedoch schon so weit fortgeschritten, daß Papst Pius am Morgen des 29. August 1799 nach kurzem Todeskampf verschied.

2. Itzbach während der Revolution

In einem waldigen Tal, links der Saar, am Fuße des Limbergs liegt der kleine Weiler Itzbach. Nur wenige Häuser gehörten um 1790 zu dem Dorf. Ein Bach, der zwischen dem Siersberg und dem Limberg durch den Wald fließt und oberhalb von Rehlingen in die Saar mündet, sorgte im Talgrund für sumpfigen Boden. Das Ufer war gesäumt von Weiden, dem geeigneten Material zum Flechten von Körben. Zu dem Dorf gehörte ein herrschaftliches Anwesen, etwas übertrieben als »Schloß« bezeichnet, sowie eine für die dörflichen Verhältnisse prächtige Kirche, die erst 30 Jahre vor Ausbruch der Revolution vollendet worden war.

Itzbacher Schloß

Es müssen etwa 20 Haushaltungen mit ungefähr 120 Seelen gewesen sein, die hier dem Korbflechterhandwerk nachgingen, sich als Tagelöhner verdingten oder auf dem nicht sehr ertragreichen roten Sandboden von etwas Viehzucht und Ackerbau ein bescheidenes Leben fristeten, ge-

Karte der Gegend
um Itzbach aus der
berühmten Werk-
statt von Naudin,
Versailles, um 1735

plagt durch die hohen Abgaben, die sie den Herrschaften zu
entrichten hatten.

Im Schloß residierte die Witwe Philippine-Françoise
Forget de Barst. Sie gab den Itzbachern Anlaß zur Klage
beim König, weil sie drei- bis vierhundert Tauben hielt und
jedes dieser Tiere etwa einen Scheffel Saatgut im Jahr ver-
tilgte. Aber während der Revolution trat sie immer als eif-
rige Republikanerin auf, so daß der Revolutionskommissar

aus Saarlouis berichten konnte: *Die Bürgerin Witwe Forget de Barst, seit 40 Jahren Eigentümerin zu Itzbach, 70 Jahre alt, hat sich immer allen Gesetzen und Anordnungen des Nationalkonventes unterworfen; sie hat sowohl aus Patriotismus Geschenke gegeben und ist nie in Zweideutigkeit gefallen.* Auch so konnte man zu Zeiten der Revolution überleben!

Was die Kirche angeht, so vertraute die hiesige Bevölkerung überwiegend auf die romtreuen Priester, zumal die Konstitutionellen oft aus anderen Gegenden kamen und der deutschen Sprache nicht mächtig waren.

Es mangelte nicht an offizieller Propaganda, wie ein im Jahre 1791 in Saardillingen von einem patriotischen Landpriester zum »Nutzen des gemeinen Volks« herausgegebener »Katechismus der französischen Konstitution« belegt[16]. Aber auch die Gegenseite wußte sich zu wehren. Im gleichen Jahr erschien eine Streitschrift zur Unterrichtung für »alle wahrheitsliebenden Christen und besonders für den Landmann«. Die Schrift erschien in »Ansehung des Eides, den man von der Geistlichkeit in Frankreich begehret, und fast mit Gewalt aus ihr pressen will.«

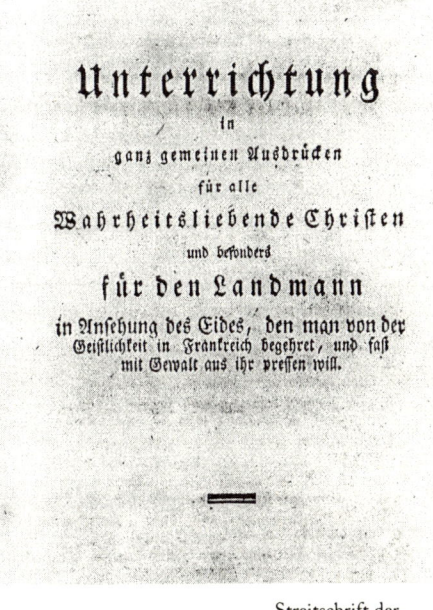

Streitschrift der kirchentreuen Partei gegen die Zivilkonstitution

Der niedere Klerus in den Pfarreien war in der Regel sehr volksnah. Das beruhte zum einen darauf, daß sich die Pfarrer fast ausschließlich aus den mittleren oder armen Schichten der Stadt- und Landbevölkerung rekrutierten, zum andern stand das Wohlergehen der Pfarrer in enger Beziehung zur Bevölkerung, denn ihr Gehalt hing vom Zehnten ab, also der Steuer, die von der Gemeinde auf Getreide, Hanf, Leinen,

Gänseküken, Lämmer, Ferkel usw. gezahlt werden mußte. Außerdem besaß jede Pfarrei eine Pfründe, das heißt Land und Forst, die der Pfarrer mit Hilfe von Arbeitern aus seiner Pfarrei ohne Steuerlast ausbeuten konnte. Auf diese Weise war nicht nur ein täglicher Kontakt zwischen Pfarrer und Pfarrkindern vorhanden, sie waren auch durch gleiche Interessen verbunden, die zu gemeinsamen Anstrengungen führten. Die Pfründe gaben dem Pfarrer auch die Möglichkeit, den einen oder anderen Armen (von denen es damals sehr viele gab) zu beschäftigen oder ihnen wenigstens Naturalien als Almosen zukommen zu lassen.

Das Haus Kiefer in Siersdorf

In Itzbach übte Leon-Donat Schreiber das Amt eines Priesters seit 1787 aus. Er legte am 30. Januar 1791 den Eid auf die Konstitution ab und wurde in die Liste der geschworenen Priester aufgenommen. Pfarrer Schreiber hatte aber einen Zusatz zu dem Eid gemacht, nämlich *unter der Bedingung, daß der katholische Glaube und die Rechte der Kirche nicht beeinträchtigt werden.* Sobald er aber erfuhr, daß er auf der Liste der vereidigten Priester stand, schrieb er an die Verwaltung, daß er niemals ohne diese Einschränkung geschworen hätte und daß er darauf bestehe, auf die Liste der *réfractaires*, der romtreuen Priester, aufgenommen zu werden. Natürlich blieb diese Haltung nicht ohne Folgen für ihn. Er wurde von seiner Pfarrstelle vertrieben, mußte das Land verlassen und floh über die Grenze, wo sich seine Spuren verlieren.

Zunächst konnte kein geschworener Nachfolger gefunden werden. Möglicherweise hat ein Mönch aus der Prämonstratenserabtei Wadgassen, die zu dieser Zeit noch nicht aufgelöst war, die verwaiste Pfarrstelle verwaltet.[d]

---

d Wadgassen ist die Abtei, die im Königreich Frankreich am längsten bestanden hat. Erst im September 1792 ließ die Distriktverwaltung von Saarlouis sie aus-

Schließlich kam der in Pachten geborene Matthias Kiefer als Pfarrer nach Itzbach. Er hatte den Eid auf die Ideale der Revolution geleistet, wurde folglich von der Kirche nicht anerkannt und fand wenig Rückhalt bei der Bevölkerung. Dennoch bemühte er sich sehr um die Erhaltung von Kirche, Pfarrhaus und dem dazugehörigen Kirchengelände. Als dieser Besitz zugunsten des französischen Staates in Thionville versteigert werden sollte, ritt er zu Pferd dorthin, nahm an der Auktion teil und es gelang ihm tatsächlich, der Pfarrei die Liegenschaften zu erhalten.[17]

Itzbacher Kirche von Norden

Die Photographien sind vor dem Erweiterungsbau von 1912 entstanden, zeigen die Kirche also noch in ihrem ursprünglichen Zustand von 1758.

Kiefer übte sein Amt als Pfarrer nur 1792 und 1793 aus. Er entschied sich unter den schwierigen Bedingungen für eine weltliche Laufbahn und wurde Steuereinnehmer und Kaufmann. Bis 1824 bekleidete er das Amt des Bürgermeisters von Siersdorf, Büren, Itzbach und Oberlimberg. Er zog mit seiner Haushälterin Susanne Mark nach Siersdorf, wo er ein großes Haus mit eigenem Brunnen und einem Speiseaufzug baute. Mit Susanne Mark zeugte er 5 Kinder, bevor er sie 1803 kirchlich heiratete. Am 4. August 1840 starb er hochangesehen in Siersdorf.[18]

Nach 1793 war die Arbeit der romtreuen Priester auch in unserer Gegend sehr gefährlich und in aller Regel nicht kontinuierlich. Die geschworenen Priester jedoch

Westfassade

plündern, dann aber so gründlich, daß der Geistlichkeit »weiter nichts als nasse Augen zum Weinen übriggeblieben sind«.

wurden vom Landvolk nicht anerkannt, manchmal sogar vertrieben.[19]

In Fremersdorf übte Jean-Pierre Adam das Amt des Kuraten[e] aus. Zunächst hatte er der Verwaltung angekündigt, daß er bereit sei, sich dem Gesetz des Eides zu unterwerfen, allerdings nur unter der Bedingung, daß dieser nur für den weltlichen Bereich gelte und nicht den Eiden widerspreche, die er früher bereits der kirchlichen Obrigkeit geschworen habe. Als ihm beschieden wurde, daß diese Einschränkungen verboten seien, erklärte er, daß sein Gewissen es ihm unter diesen Umständen nicht erlaube zu schwören. Er weigerte sich nicht nur, den Eid zu leisten, sondern bekämpfte von nun an auch die neue Verfassung und verlas die Sendschreiben des Papstes. Er wurde daraufhin wegen der Verbreitung »antipatriotischer Lehren« als kriminelles Element verfolgt.

Inschrift auf dem Kirchenportal in Clermont. »Das französische Volk bekennt sich zu einem Höheren Wesen und der Unsterblichkeit der Seele«

Als Ersatz schickte man Pierre Halsdorf, geschworener Pfarrer aus Wallerfangen, nach Fremersdorf. Halsdorf hatte den Eid auf die Zivilverfassung am 30. Januar 1791 abgelegt. Doch er konnte sich nicht gegen den im Untergrund immer noch aktiven Pfarrer Adam durchsetzen und zog sich bald wieder nach Wallerfangen zurück. Pfarrer Adam aber taufte, traute und beerdigte weiter. Er ließ sogar die alten Standesprivilegien in seiner Kirche wieder aufleben. So reichte er Madame Galhau (die später in Paris durch die Guillotine enthauptet wurde) persönlich das Weihwasser. Wegen all dieser »Straftaten« wurde er erneut angezeigt und mußte schließlich nach Trier fliehen.[20]

In dieser schweren Zeit der Unterdrückung kamen immer häufiger papsttreue Priester aus Nachbarländern hierher und übten ihr geistliches Amt im Untergrund aus.

e Kurat = katholischer Hilfspriester, dem besonders die Seelsorge obliegt (von lat. cura = Sorge, Pflege).

Wenn sie denunziert wurden, mußte die Gendarmerie aus Saarlouis eingreifen und sie verhaften. Doch vielerorts, so auch im Kantonsbereich Groß-Hemmersdorf, wirkten die örtlichen Behörden aus Solidarität mit den Gläubigen nicht an den befohlenen Verhaftungen mit. Gemeinsam mit den Bürgern bedrohten sie die angereisten Kommissare, wurden handgreiflich und verjagten sie. Im März 1796 beschwerte sich ein Unteroffizier der Gendarmerie namens Legarde bei seinen Vorgesetzten über diese Vorgehensweise:

Solange uns diese Beamten nicht unterstützen, ist keine Gendarmeriebrigade in der Lage, irgendeinen dieser Priester zu verhaften. Nachts sind wir der Gefahr ausgesetzt, ermordet zu werden, am Tage mit schweren Steinbrocken beworfen zu werden, wie dies schon geschehen ist.[21]

Im November 1793 wurden christliche Gottesdienste ganz verboten. Das Läuten der Kirchenglocken wurde untersagt, ebenso das Tragen geistlicher Tracht in der Öffentlichkeit. Gott wurde abgeschafft. Die christliche Religion wurde durch den »Kult der Vernunft« ersetzt. Ein »Höheres

Festtag zu Ehren des Höheren Wesens

Wesen« und die »Göttin der Vernunft« sollten verehrt werden.

Anhänger dieses Kultes sollen sich auch in Rehlingen gefunden haben. Sie stürmten – so erzählt die Geschichte – die Kirche St. Nikolaus, verbrannten das Inventar und die Devotionalien. Sie riefen auch eine »Göttin der reinen Vernunft« aus und trugen ihr Abbild feierlich auf einem silbernen Tablett in die Kirche. Kurzfristig wurde sogar eine leibhaftige »Göttin der Vernunft« inthronisiert. Doch als sich herausstellte, daß die Auserkorene in ihrer Heimatgemeinde nahe Saarlouis sich keines sonderlich guten Rufes erfreute, löste sich der ganze Spuk ziemlich rasch wieder auf.[22]

Die damalige Stimmung im Kreis hat Alfred Gulden in einer Szene seiner Revue zur 300-Jahr-Feier der Stadtgründung, »Saarlouis 300«, in moselfränkischer Mundart treffend wiedergegeben:

Paris oder Rom

Bauer: *Mia brauchen auch!*
Priester: *Ich bleibe ja!*
Bauer: *Awa net doot!*
Priester: *Ich lebe ja!*
Bauer: *Awa wie lang noch?*
Priester: *So weit...*
Bauer: *Noch weida! Gaanet weit genuch!*
Priester: *...so weit werden sie nicht gehen!*
Bauer: *Nää, wo aich auch hinbrengen, dòò kommen dìì net hin!*
Priester: *Sie werden nicht so weit gehen, mich ...*
Bauer: *Dat kannen dìì gaanet! Dat kannen dìì gaanet!*
Priester: *Das meine ich auch. Sie würden sich unmöglich machen!*
Bauer: *Woo aich auch hinbrengen, dòò sen dia sicha!*

Priester: *Hinbringen? Wohin denn?*

Bauer: *Mä foet! Foet vaan hej! Saan eich doch schon dìì ganz Zait!*

Priester: *Ich bleibe hier! Es ist schon schlimm genug, daß ich mich verkleiden muß. Ich bleibe. Fortgehen, nein, nein!*

Bauer: *Awwer mia brauchen auch doch!*

Priester: *Deshalb bleibe ich ja!*

Bauer: *Mia brauchen auch fo de Kenddääf, wämma heiraten, wämma schdärwen geen. Graad dann! Wat netzt uus dann en dooda Gääschdlija?*

Priester: *Ja, aber ...*

Bauer: *Aich vaschdoppen auch! Aich wääß schon woo!*

Priester: *Ich verlasse meinen Posten nicht Mir macht es nichts aus, wenn ...*

Bauer: *Herr Paschdoa! Auch net, awa uus! Mia brauchen kään Märtyra, kään Häälijen em Himmel! Mia brauchen Auch hej! Om Boden! Hej bai uus! Wai mee wii sonscht!*

Dumpfes Trommeln ist zu hören

Bauer: *Heeren da! Heeren da! Dat sen se! Lòò kommen se! Dia wääsen doch! Net lang hää, dòò han se hej ganz en da Nää ...*

Priester: *Ich weiß! Mein Amtsbruder!*

Bauer: *Wänn diat jò wääsen! Dann geft et doch nua änt: foet vaan hej, so schnell wiit get! Eet se schbäät es!*

Priester: *Mein Beispiel!*

Bauer: *Herr Paschdoa! Aich saat doch schon: em Himmel brauchen da net fo uus se beede. Dòò sen a schon genuch! Hej gen da gebraucht! Hej!*

Im Hintergrund zieht jetzt eine Horde Sansculotten[f] vorbei. Sie tragen Fackeln, singen. Bauer und Priester haben sich versteckt. Die Sansculotten sind vorbei. Bauer und Priester kommen aus ihrem Versteck.

Bauer: *Han da gehooat, wat die sengen? Dii fackeln net lang! Dii machen kurzen Prozeß! Un hej schdeen vill Bääm rom! Un en Sääl han dii emma bai sich!*

Priester: *Aber ich bin doch verkleidet*

Bauer: *Dii kennen doch aua Gesicht! Dòò sorcht doch schon, dia wääsen doch, aua „Amtsbruder", dääa, wo de Aid geschwooa hat, dääa sorcht doch schon davooa! Dia sen doch hej bekannt! Die kännen auch! Dia musen foet! Bis alles rem es! Dat kann sich nemme lang so hallen! Soo wie dii dat treiwen! Soo net! Aich wääß en gutt Plätz! E Schdeckchin wäch vaan hej, dicht bai da Gränz!*

Bauer zieht den Priester weg.

So wie Alfred Gulden die Geschichte szenisch darstellt, hat es sich oft tatsächlich zugetragen. Die Gemeindemitglieder versuchten mit allen Mitteln, ihre romtreuen Priester zu schützen. Die Geschworenen wurden meist boykottiert. Aus Busendorf-Wallerchen und Bedersdorf ist bekannt, daß es zu regelrechten Aufständen der Bürger kam. Erst durch den Einsatz von Husarenabteilungen konnten dort die Romtreuen vertrieben und die konstitutionellen Priester in ihr Amt eingesetzt werden.[23]

---

f Sansculotten war ein Spottname für die Revolutionäre, weil sie im Gegensatz zu den Adeligen keine Kniehosen (culottes), sondern lange Hosen (pantalons) trugen.

Nicolas Custer

In dieser für alle romtreuen Priester gefährlichen Situation schickte
der Erzbischof (und Kurfürst) von
Trier, Clemens Wenzeslaus, den
jungen Mönch Nicolas Custer, der
gerade erst vor den französischen
Revolutionstruppen aus Namur
in seine Obhut geflüchtet war, als
Pfarrverweser nach Itzbach.

Nicolas Custer war Franziska-
nermönch mit dem Ordensnamen
Pater Albertin in Namur gewesen,
wo er den Rekollekten der Franzis-
kanerprovinz Flandern angehörte.

Clemens
Wenzeslaus von
Sachsen, Erzbischof
und Kurfürst von
Trier 1768–1801

Aus dem Kloster von Namur wurde er am 8. Dezember
1796 zusammen mit 58 Mitbrüdern von den französischen
Revolutionstruppen, die Flandern besetzt hatten, vertrieben. Das Klostergebäude blieb erhalten und wird heute als
Altenheim genutzt. Die Bibliothek und das Klosterarchiv
wurden allerdings konfisziert und fielen später den Flam-
men zum Opfer[24]. Custer gelang die Flucht zusammen mit
einigen Mitbrüdern über die Grenze in das damals noch
unbesetzte Kurfürstentum Trier.

Man schrieb das Jahr 1796, Custer war 29 Jahre alt. Er
sprach Luxemburgisch und Deutsch. Da die Pfarrei Itzbach verwaist war, sollte er sie illegal verwalten. In einem
der Nachbardörfer, in Eimersdorf, auf einer Anhöhe über
der Nied gelegen, fand er privaten Unterschlupf bei der
christlichen Familie Dohr, die ihm Gelegenheit gab, in ihrem Haus heimlich die Messe zu lesen und die Sakramente
zu spenden. Das Wirken Custers blieb den Menschen in
dankbarer Erinnerung und wurde mündlich weitergegeben.
In der Abschrift einer alten Chronik[25], die Pfarrer Philipp
Siebenborn (1826 – 1906) aus Hemmersdorf zugeschrieben

wird und eines der wichtigsten Zeugnisse des Wirkens von
Pater Custer in unser Gemeinde ist, heißt es:

*Unsere Gegend war aller treugebliebenen Priester beraubt. Da
kam ein fremder Priester aus dem Luxemburgischen. Custer[26] ist
der Name des heldenmütigen Mannes, welcher sich heimlich in
dem Filialorte Eimersdorf in dem Privathause des Joseph Dohr
niederließ. Dieses Haus sollte die einzige rechtmäßige Pfarrkir-*

Kloster in Namur, in dem Nicolas Custer unter dem Ordensnamen Pater Albertin bis
zur Vertreibung durch die Revolutionstruppen lebte. Heute dient es als Altersheim.

Das Haus Dohr in der Rehlinger Straße 49, Eimersdorf, in dem Nicolas Custer heimlich die Sakramente spendete.

che unserer Gegend werden. Dort versammelten sich jetzt die
Gläubigen.

Nun fehlte es aber, um das hl. Opfer darbringen zu können, an
einem Altarstein. Da erinnerte sich Joseph Dohr, daß der ge-
schworene Pfarrer von Itzbach den Altarstein der Schloßkapelle
vom Siersberg besitze. Er ging daher dahin und kaufte ihn für
einen Eichbaum. Der edelmütige Priester, welcher den republi-
kanischen Eid nicht geschworen hatte und deshalb jede Stunde
in der größten Lebensgefahr schwebte, feierte nun in diesem be-
scheidenen Hause die hl. Geheimnisse und unternahm es unter
den drohendsten Gefahren und grausenerregenden Schrecknissen
von Eimersdorf aus heimlich den Dienst in der Umgegend zu
besorgen. Ehr einem solchen heldenmütigen Priester.

Fast ein Jahr übte Custer aus christlicher Überzeugung diese
Tätigkeit unbemerkt von der Obrigkeit aus. Er verhielt sich
ruhig und unauffällig. Er war in keiner Weise provozierend.
Aber, wie so häufig in totalitären Systemen, blühte auch hier
das Denunziantentum. Jedenfalls führte eine anonyme Anzeige bei der Verwaltung in Groß-Hemmersdorf eines Tages zu seiner Verhaftung. Da er vorher in der Öffentlichkeit
kaum wahrgenommen worden war, vermutete man, daß er
einem persönlichen Racheakt zum Opfer gefallen war. Es
wurde sogar gemunkelt, man habe ihm eine Falle gestellt,
um ihn bei seiner illegalen Tätigkeit zu überführen.

Am 4. Brumaire des Jahres VI wurde Nicolas Custer   25. Oktober 1797
durch das Directoire Exécutif zur Verbannung verurteilt.
Drei Wochen später, am 17. November 1797, wurde er verhaftet und nach Metz überführt.

Hier im Gefängnis des Justizpalastes traf Nicolas Custer
noch weitere Priester, die bereits inhaftiert waren. Einer von
ihnen war Pastor Wagner, ein Landsmann aus Luxemburg,
der die Pfarrstelle in Wincheringen an der Obermosel verwaltet hatte. Fortan war das Schicksal von Custer eng mit
dem seines Mitbruders verbunden.

In einer Gefängnisnotiz wurde Custers Verhalten nach der Inhaftierung mit dem französischen Wort »turbulent«, (aufrührerisch) beschrieben, woraus wir schließen, daß er sich nicht widerstandslos alles gefallen ließ und sich nicht so »lammfromm« verhielt, wie man es hätte vermuten können.

Nach neuntägiger Haft wandte er sich mit einem Brief empört an den »Bürger« Baudesson, öffentlich bestellter Ankläger am Gericht des Départements Moselle:

25. Nov. 1797

Bürger,
Ich bin hier seit neun Tagen eingesperrt, ohne daß man mich bisher irgendeines Verhörs unterzogen hätte und ohne daß mir der Grund meiner Verhaftung mitgeteilt worden wäre. Man sagt, es sei Tatsache, daß das Direktorium mich zur Deportation verurteilt habe, aber da mir bislang nicht ein einziges Schriftstück vorgelegt worden ist, kann ich mich nicht auf vage und vielleicht unbegründete Gerüchte verlassen. Ich bitte Sie nun, Bürger, mich dem Gesetz entsprechend vor Gericht erscheinen zu lassen, und, sollte ich bereits verurteilt sein, beantrage ich, da ich seit ich hier festgehalten werde, nichts, was mir zusteht, bekommen habe, die Vollstreckung des Urteils.
Mit respektvollem Gruß
Nicolas Custer[27]

Diesen Brief leitete Baudesson, weil er sich nicht für zuständig hielt, schon einen Tag später auf dem Dienstweg weiter mit folgender Notiz an die Départementsverwaltung:

Ich übersende Ihnen einen bei Gericht empfangenen Brief, den mir Nicolas Custer am 25. dieses Monats geschrieben hat. Er betrifft mich nicht, da der Betreffende in Haft genommen worden ist in Vollstreckung eines Haftbefehls des Executiv-Direktoriums, das seine Verbannung angeordnet hat.[28]

Custers Schreiben wurde nie beantwortet. Es blieb dabei, ihm wurde nichts anderes vorgelegt als die Verfügung zur Deportation.

3. Von Metz nach Rochefort

In stockdunkler Januarnacht wurde Nicolas Custer gemein- 22. Januar 1798
sam mit seinen Leidensgenossen Johann Karl Caret, Dominikaner aus Metz, Johann Bouché, Pfarrer zu Saaralb, und
Johann Nicolas Gérin, Benediktiner aus Metz, die ebenso
wie er den Eid auf die Verfassung verweigert hatten und
Karl Laval, einem Apotheker aus Bitsch, zu einem anderen
Gefängnis in Metz gebracht. Hier trafen sie auf eine Gruppe von fünf weiteren zur Deportation verurteilten Häftlin-
gen, die schon zwei Wochen in dem kalten, unwirtlichen
Kerker ausgeharrt hatten. Zu ihnen gehörte auch der aus
Luxemburg stammende Priester Johann Michel Wagner,
ein 29-jähriger kräftiger Mann, der für Nicolas Custer bis
an sein Lebensende der engste Gefährte werden sollte.

Dienstag, 23. Januar 1798

Noch vor Tagesanbruch, um 4 Uhr morgens, bei Eiseskäl-
te und unaufhörlich niederprasselndem Regen, ungeschützt
auf einem offenen Pferdekarren zusammengepfercht, brach
die Gruppe unter strenger Bewachung durch mehrere Gendarmen und eine Abteilung Jäger auf.

Nachdem sie die Stadtgrenze von Metz passiert hatten,
wurde ihnen, sofern sie es wünschten, erlaubt, vom Wagen
abzusteigen und zu Fuß zu gehen, was bei der nassen Kälte
angenehmer war, als unbewegt auf dem Karren zu verhar-
ren. Mit durchnäßten Kleidern und kältestarren Gliedern
erreichten sie am späten Abend – eine Wegstrecke von fast
40 Kilometern durch die trostlose Ebene zwischen Mosel
und Maas lag bereits hinter ihnen – das östliche Stadttor
des kleinen Ortes ÉSTAIN[29] mit seinen noch gut erhaltenen

Die erste Seite aus Pater Wagners Tagebuch mit der Überschrift »La Deportation du jeune prêtre«.

mittelalterlichen Mauern. Ein Kerker, der nur notdürftig mit etwas moderigem Stroh ausgelegt, dafür aber umso sicherer vergittert war, diente den Erschöpften als Unterkunft für die erste Nacht auf ihrem langen Weg an die Küste.

Mittwoch, 24. Januar 1798

Früh am Morgen mußten sie wieder aufbrechen. Das Wetter war etwas freundlicher als an den Tagen zuvor. VERDUN, die stark befestigte Stadt an der Maas, etwa 20 Kilometer westlich von Éstain, war die nächste Station. Unterbringung diesmal in der ungeheizten ehemaligen Kapelle des Stadtgefängnisses bei strengem Verbot, ein wärmendes Feuer anzuzünden. Zwei Nächte sollten die Priester hier in dem kalten Gemäuer verbringen.

Freitag, 26. Januar 1798

Die ganze Nacht der winterlichen Kälte ausgesetzt, waren sie morgens froh, ein wenig die Glieder strecken zu können, bevor es unter der Aufsicht von zehn Jägern und zwei Gendarmen weiter ging nach CLERMONT-EN-ARGONNE, einem kleinen Flecken an der Landstraße Richtung Châlons-en-Champagne. Bei ihrer Ankunft am Nachmittag wurden die Priester im Stadthaus in Gewahrsam genommen, trocken und erstmals in einem geheizten Raum, dem Sitzungssaal der Abgeordneten. Eine weitere neue Erfahrung kam hinzu. Die ländliche Bevölkerung bekundete Sympathie gegenüber den Geistlichen, war hilfsbereit und versorgte sie mit dem Notwendigsten.

Samstag, 27. Januar 1798

Beim Aufbruch, noch vor Sonnenaufgang, war es wieder bitterkalt. Nach einer Weile wurde die Kälte so unerträglich, daß Nicolas Custer gemeinsam mit seinem Landsmann Michel Wagner, zu dem sich schnell ein freundschaftliches Verhältnis entwickelt hatte, vom Karren stieg, um ein Stück zu Fuß zu gehen. Der Wagen mit den zurückgebliebenen Gefährten kam auf dem holprigen, tiefgründigen Weg nur sehr langsam voran, so daß die beiden, in ernste Gespräche vertieft, bei ihrem Fußmarsch schon bald einen beträchtlichen Vorsprung vor ihrer Gruppe hatten.

Ein zu ihrer Eskorte gehörender Jäger hatte die Situation beobachtet, beschleunigte seinen Schritt und holte die beiden bald ein. Und dann geschah etwas Erstaunliches: der Wachmann hielt sie nicht etwa fest, sondern gab ihnen unmißverständlich zu verstehen, daß der dichte Wald, in dem sie sich gerade befanden, eine hervorragende Möglichkeit zur Flucht biete. Er redete eindringlich auf sie ein und zeigte ihnen sogar Wege, auf denen sie im dichten Gehölz ohne große Gefahr entkommen könnten. Ihr Vorsprung sei inzwischen so groß, daß die Gendarmen nicht mehr in der Lage seien, sie einzuholen. Custer und Wagner waren zwar von der Aufrichtigkeit des Mannes überzeugt, auch war der Gedanke an ein Entkommen verführerisch, doch widerstanden sie der Versuchung zu fliehen, weil sie befürchten mußten, daß ihre auf dem Karren zurückgebliebenen Gefährten, die schon jetzt in einem erbärmlichen Zustand waren, dann zur Strafe eine noch grausamere Behandlung ertragen müßten. Sie bedankten sich von Herzen bei dem gutmütigen Jäger, verlangsamten aber dennoch ihren Gang, um später

Rathaus von Sainte Ménehould. Die Gefangenen wurden im Keller untergebracht.

wieder eingeholt zu werden und bald nach Mittag gemeinsam mit den anderen in SAINTE MÉNEHOULD einzutreffen.

Die Nacht verbrachten sie in einem Gefängnis, das nicht ganz so verkommen war wie die vorherigen, aber die Kälte ließ sie auch hier kaum zur Ruhe kommen.

Châlons-
en-Champagne

Sonntag, 28. Januar 1798

Auch am Sonntag sollte es rastlos weitergehen. Bei ihrer Abreise schenkte ein mildtätiger Kaufmann, der die Gefangenen beobachtet hatte, wie sie zitternd und zähneklappernd auf dem Wagen saßen, jedem von ihnen eine Baumwollmütze zum Schutz gegen die grimmige Kälte.

Ein Gefühl des Unbehagens beschlich die Gefangenen, als sie an der berühmten Mühle von Valmy vorbeizogen.[g] Nach beschwerlicher Fahrt auf gefrorenen Wegen erreichte der Treck spätabends CHÂLONS-EN-CHAMPAGNE, eine Stadt an den Ufern der Marne. Zwar wurden die Priester auch hier im Gefängnis untergebracht, aber zum ersten Mal seit ihrem Aufbruch aus Metz standen wieder Betten zur Verfügung. Außerdem verwendeten sich mehrere Bürger der Stadt bei den Behörden für sie, daß man ihnen doch unbedingt einen Ruhetag gewähren möge.

Dieser Bitte wurde entsprochen. Und es kam noch besser. Mitleidige Einwohner von Châlons ließen Wolldecken in

g Die Kanonade von Valmy (20. 9. 1792) markierte den Wendepunkt des ersten Koalitionskrieges. Die französischen Revolutionsarmeen gingen von da an in die Offensive und besiegten die Truppen der anti-revolutionären Allianz.

das Gefängnis bringen, sorgten für Speisen und Getränke und sammelten Geld für die Verurteilten, wobei eine schöne Summe zusammenkam, so daß sie für einige Zeit eine Sorge weniger hatten, weil sie jetzt wieder in der Lage waren, sich notfalls Nahrungsmittel zu kaufen. Außerdem erhielten sie noch einige warme Hemden, die sie unter sich aufteilten.

Arcis-sur-Aube. Gefängnisturm des Schlosses.

Dienstag, 30. Januar 1798

Am Morgen der Abreise von Châlons kamen noch zwei Priester dieser Diözese hinzu, die, ebenfalls zur Deportation verurteilt, bis dahin in einem anderen Gefängnis auf den Transport gewartet hatten. Die Gruppe bestand jetzt also aus zwölf Männern.

Trotz des frühen Aufbruchs sollte einer der längsten Tage vor ihnen liegen. Als nämlich die Mittagssonne den hartgefrorenen Boden erwärmte, waren die lehmigen Wege so naß und aufgeweicht, daß der Wagen ständig steckenblieb und nur langsam unter großen Schwierigkeiten vorankam. Es war acht Uhr abends, als sie völlig erschöpft bei Dunkelheit in ARCIS-SUR-AUBE ankamen.

Gleich nach der Einquartierung wurden die Ankömmlinge von mehreren wohlgesinnten Bürgern besucht. Der Gefängniswärter widersetzte sich dem anfangs mit Entrüstung, wurde aber bald durch den Polizeikommissar und den Friedensrichter des Ortes zum Nachgeben gezwungen, indem diese ihm befahlen, jedermann den Zugang zu den Gefangenen zu gestatten. Sie gingen sogar so weit, zu fordern, daß die Sträflinge auf ihre Verantwortung in einem Gasthaus unterzubringen seien, weil das Gefängnis feucht und kalt sei. Aber dagegen wehrte sich der Kerkermeister vehement: »Mir sind die Gefangenen übergeben worden, ich werde sie nicht aus den Händen lassen!« Daran war nun nichts zu ändern, und so begnügte man sich damit, aus der Stadt ein gutes Abendessen, Wein und Matratzen zu besorgen.

Die freundlichen Herren hatten das Gefängnis kaum verlassen, da zeigte der Kerkermeister, der sich in ihrem Beisein zurückgehalten hatte, sein wahres Gesicht. Er spielte seine Überlegenheit aus und ließ die ohnehin schon erschöpften Gefangenen eine Stunde lang wie Rekruten exerzieren. Dabei quälte er sie zusätzlich mit Hohn- und Spottreden. Als am nächsten Morgen der Polizeikommissar und der Friedensrichter von dieser üblen Behandlung erfuhren, waren sie empört und drohten dem Wärter, die Sache bei der obersten Behörde zur Anzeige zu bringen.

Mittwoch, 31. Januar 1798

Es hatte sich wohl herumgesprochen, daß eine Gruppe von Geistlichen, die den Eid auf die Konstitution verweigert hatten und deswegen zur Deportation verurteilt worden waren, sich auf dem Weg zum Hafen von Rochefort befand. Jedenfalls kam es bei ihrer Ankunft in TROYES zu einem regelrechten Volksauflauf. Viele Menschen aus allen Ständen drängten sich um die erschöpften Ankömmlinge und bekundeten ihre Sympathie. Aus der Bevölkerung wurden sie ausreichend mit Nahrungsmitteln versorgt, was sich als glückliche Fügung herausstellte, denn der Kerkermeister – ein ungehobelter, grober Kerl wie die meisten seiner Artgenossen – verweigerte ihnen jegliche Nahrung. Nach Absprache mit dem Friedensrichter des Ortes durften die Gefangenen auf Befehl des Kommissärs ungehindert Besuch empfangen. So fanden sich viele Menschen in ihrem Kerker in einem ehemaligen Franziskanerkloster ein, um ihnen

Mut zu machen und zu versuchen, ihnen in ihrer traurigen Lage wenigstens moralischen Beistand zu leisten.

Donnerstag, 1. Februar 1798

Die Ankündigung, in Troyes werde ein Ruhetag eingelegt, erwies sich als Falschmeldung. Nach einer bequemen Nacht auf einem Matratzenlager freuten sich die Priester auf ein Frühstück, aber plötzlich erging der Befehl, sie sollten sich aufs schnellste bereit machen, denn die Gendarmen, die den Weitertransport begleiten sollten, warteten schon vor dem Tor. In aller Eile, ohne etwas Nahrung zu sich nehmen zu können, mußten sie auf das bereitstehende Pferdefuhrwerk klettern.

Der heftige Wind, von starken Regengüssen begleitet, steigerte sich während der Fahrt derart, daß die geschwächten Männer in einer Sturmböe fast vom Wagen gerissen wurden. Hinzu kam eine schneidende Kälte, so daß die nassen Kleider am Leibe gefroren.

Gegen Mittag hielten sie in einem kleinen Dorf, wo eine Rast gemacht und die Wachmannschaft abgelöst werden sollte. Sie durften vom Wagen absteigen und in einem Wirtshaus, einer üblen Spelunke, warten, bis die neuen Begleiter zur Weiterfahrt bereit waren. Die Zeit reichte nicht, um etwas Warmes zu kochen, aber immerhin konnten die Priester ein ordentliches Stück Käsebrot mit Heißhunger verzehren. Bei einsetzendem Schneeregen setzte der Zug sich wieder in Bewegung.

Die Warmherzigkeit, die den Priestern während des Transportes bis dahin zuteil geworden war, schlug bei der Weiterreise ins Gegenteil um. In VILLENEUVE-L'ARCHEVÊQUE, der nächsten Station, die erst bei Anbruch der Nacht erreicht wurde, mußten sie am Ende des Dorfes vor einem alten Turm, der zur Stadtbefestigung gehörte, absteigen. Statt einer Tür gab es nur ein niedriges Loch, durch das man auf dem Bauch kriechend in ein fensterloses, stockdunkles Gewölbe gelangte. Das Verlies hatte einen feuchten Lehmboden und war mit faulig stinkendem Stroh bedeckt, Nährboden für zahlloses Ungeziefer. Ihrer Bitte, sie auf eine halbe Stunde in einen warmen Raum zu bringen, um ihre starren Glieder zu erwärmen, wurde mit einem verächtlichen Kopfschütteln quittiert. Im Hinblick auf die bevorstehende Nacht meinte der Kerkermeister höhnisch: »Euch wird noch warm genug werden.« Als sie nach etwas Nahrung verlangten, wurden nach geraumer Zeit durch eine Luke, die mit einem eisernen Riegel gesichert war, ein Stück schimmeliges Brot und zwei Flaschen Wein, für die jeweils zwei Franken zu entrichten waren, in die Dunkelheit geschoben. Das Verlies war so eng, daß die zwölf Gefangenen die Nacht stehend verbringen mußten. Auf diese Weise entwickelte sich durch die Körperwärme eine bald unerträgliche, stickig-warme Luft, die wiederum dem Ungeziefer sehr willkommen war und Läuse, Flöhe, Wanzen und Kakerlaken zu ungeahnter Aktivität ermunterte.

Als die Gefangenen am nächsten Morgen endlich aus dem verpesteten Turmgemäuer herauskriechen durften, wurden sie umringt von aufgebrachten Dorfbewohnern *(la canaille de l'endroit)*, die sie mit Schmähungen, Hohn und Gespött überschütteten. Jedesmal, wenn sich einer der Gefangenen mit Mühe, auf dem Bauch kriechend, durch die schmale Öffnung des Turmes ans Tageslicht gezwängt hatte, applaudierten die Umstehenden zynisch und lachten laut.

So mußten die Geistlichen es als Erlösung empfinden, als endlich die Karren vorfuhren und sie schweißgebadet, nach schlafloser Nacht vor Müdigkeit fast ohnmächtig, in Richtung SENS abgeführt wurden. Villeneuve war bis dahin das Schlimmste, was Nicolas Custer je erlebt hatte, ein Ort des Grauens, den er so schnell nicht vergessen würde.

Freitag, 2. Februar 1798

In SENS angekommen, wurden sie im zweiten Stock des Gefängnisses in einem großen Raum zusammen mit etwa 50 gewöhnlichen Kriminellen eingesperrt. Niemand kümmerte sich um sie, niemand fragte nach ihnen, niemand bot Hilfe an. Zwei Nächte und einen Tag mußten sie wegen des unverschämten Aufsehers hungernd und durstend in Gesellschaft der Verbrecher verbringen. Der Ruhetag, der ihnen hier gewährt wurde, war alles andere als eine Erholung.

Sonntag, 4. Februar 1798

Nachdem sie das Stadttor passiert hatten, verlief die Fahrt ruhig weiter bis COURTENAY, wo sie wieder im Gefängnis einquartiert wurden.

Montag, 5. Februar 1798

Von Courtenay wurden sie nach MONTARGIS geführt. Der Einzug in diese Stadt entwickelte sich zu einem Spießrutenlaufen. Zum ersten Mal waren die Priester froh, bewaffnete Gendarmen zur Begleitung zu haben. Auf dem Weg zum Gefängnis kam es zu einem Volksauflauf. »An die Laterne mit den Pfaffen!«, »Reißt sie von den Karren!« war zu hören. Einige wurden handgreiflich und riefen »Schlagt sie zu Boden. Nieder mit den Hunden!« Die aufgebrachte Menge hätte ihre Drohungen in die Tat umgesetzt, wenn nicht die gut ausgerüsteten Gendarmen der Wachmannschaft von ihren Säbeln Gebrauch gemacht und die wütende Schar mutig auseinandergetrieben hätten.

Dienstag, 6. Februar 1798

Schloß Bellegarde

Als sie schließlich in den Mittagsstunden bei schönem Wetter in BELLEGARDE eintrafen, war der Spuk vorbei. Sie wurden in den Wiesen des verlassenen Schlosses der Grafen von Bellegarde abgesetzt, wo sie sich ohne jegliche Bewachung bis zum Abend frei bewegen konnten. Die Besitzer des Schlosses waren vor den Revolutionstruppen geflüchtet, entsprechend war der Zustand der ehemals herrschaftlichen Residenz. Der »Kampf den Palästen« war so gründlich gewesen, daß alles demoliert und ruiniert war. Das gesamte Erdgeschoß des Schlosses wurde den Gefangenen zur Übernachtung angewiesen, wo sie sich relativ bequem auf einem Strohlager einrichten konnten.

Gegen Abend kam eine Schar junger Leute, die den Auftrag hatte, Nachtwache bei den Deportierten zu halten. Diese jungen Burschen waren ganz nach den Grundsätzen der Revolution aufgewachsen und benahmen sich entsprechend. Die ganze Nacht über sangen sie patriotische revolutionäre Lieder. Custer hatte trotz allem Ekel Mitleid mit seinen Bewachern. »Die armen Jungen«, dachte er, »sie sind kaum den Kinderschuhen entwachsen und benehmen sich so flegelhaft, brutal und gottlos. Aber was können sie dafür? Sie sind ja von den neuen Herren, den Dienern der Republik, indoktriniert, systematisch verführt und verdorben worden.«

Natürlich bot sich ihnen hier wieder die Gelegenheit zur Flucht, aber keiner aus der Gruppe dachte ernsthaft daran. Sie waren zu erschöpft und hatten sich innerlich schon mit ihrem Schicksal abgefunden.

Châteauneuf

Mittwoch, 7. Februar 1798

Weiter ging es nach CHÂTEAUNEUF[30]. Der Schulmeister
versah hier das Amt des Gefängniswärters. Er ging sehr
freundlich mit seinen Gefangenen um. Wie hätte er auch
nicht Mitgefühl haben sollen mit den ihm Anvertrauten?
Sie sahen ja so hohläugig, blaß und abgemagert aus. Vor
Kälte zitternd schleppten die verurteilten Priester sich dahin.

Donnerstag, 8. Februar 1798

Mittags gegen zwei Uhr erreichten sie ORLÉANS. Als Quartier wurde ihnen das ehemalige Kloster der unbeschuhten
Karmeliter zugewiesen. Zwei Rasttage sollten hier eingelegt werden. Ihr Gefangenenwärter war ein menschen-
freundlicher Mann, der ihnen unbeschränkt Besuch ge-
stattete. Ganz anders als in Montargis war die Bevölkerung
den Priestern hier sehr zugetan. Seit ihrer Verhaftung war
es ihnen nicht mehr so gut gegangen. Nach ihrer Ankunft
wurde in der Stadt eine Kollekte für sie organisiert, bei der

eine beträchtliche Summe zusammenkam. Nach Abzug dessen, was der Gefängniswärter für sich einbehielt, konnten jedem einzelnen noch zehn Écu ausgehändigt werden. Barmherzige Damen der Stadt versorgten die Priester mit frischer Wäsche und sorgten dafür, daß ihnen vor der Abreise die alten Kleidungsstücke ausgebessert und gewaschen wieder zurückgegeben wurden. Viele Bürger, auch hochangesehene, ließen es sich nicht nehmen, die Verurteilten im Karmeliterkloster zu besuchen, um ihrer Hochachtung und Wertschätzung Ausdruck zu verleihen.

Orléans

Während des Aufenthalts in Orléans wurde Pater Custer Zeuge einer rührenden Szene:

Obgleich Orléans nicht weniger als Paris ein Mittelpunkt der Schlechtigkeiten war, die damals in Frankreich verübt wurden, so haben wir doch gerade dort die glänzendsten Beispiele christlicher Tugend gesehen, von denen ich nur eins hier anführen will.

Der Aufseher erlaubte allen, die uns besuchen wollten, den Eintritt, und so kamen denn zu allen Stunden die guten Bürger herein. Unter anderen fand sich auch ein feingekleideter Herr mit einem Knaben von ungefähr sieben Jahren ein. Nachdem er sich ein paar Minuten mit uns unterhalten hatte, wandte er sich an sein Söhnchen und sagte: »Siehst Du, liebes Kind, diese armen Priester hier im Gefängnisse! Sie beklagen sich nicht einmal, und es sind doch Leute, die niemals, wie jetzt, an dem Allernotwendigsten Mangel litten. Es sind Diener des lieben Gottes, und doch werden sie behandelt wie die schlimmsten Verbrecher!«

»Aber, mein Kind,« fuhr er nach einer kleinen Pause fort, »woher kommt wohl die Heiterkeit und Zufriedenheit, die du trotz alledem in den Mienen dieser edlen Bekenner des Glaubens wahrnehmen kannst? Man sollte glauben, daß sie, von Allem entblößt und den empfindlichsten Entbehrungen preisgegeben, traurig und kleinmütig sein müßten. Sie aber sind voll himmlischen Friedens bei all' ihren Leiden. Das kommt daher, weil unser Herr Jesus Christus mit ihnen leidet, weil er sie stärkt, um seines Namens willen jeder Schmach sich zu unterziehen.« So und ähnlich redete er zu dem Kinde, welches mit einer Ernsthaftigkeit zuhörte, die über seine Jahre ging. Seine Worte waren so rührend, daß ich die hellen Tränen aus den Augen meiner Mitbrüder fließen sah.

Schließlich fügte der brave Mann noch hinzu: »Du besitzt einige kleine Ersparnisse, mein liebes Kind. Willst du sie nicht diesen guten Priestern schenken? Du kannst sie nicht besser verwenden, als wenn du sie den Händen des lieben Heilands anvertraust, dessen Stellvertreter sie sind.«

Der Knabe hatte, noch ehe der Vater geendigt hatte, seine kleine Börse hervorgezogen und uns mit kindlicher Freude und Herzlichkeit den Inhalt derselben übergeben. Wir segneten Vater und Kind mit Tränen in den Augen, und ich zweifle nicht, daß ein solcher Sohn eines solchen Vaters eines Tages ein Muster außergewöhnlicher Tugend sein wird.[31]

Einer der Priester, Pater Caret, war durch die beschwerliche Reise dermaßen geschwächt, daß er sich an einen Arzt wandte, um die Erlaubnis zu erwirken, noch einige Zeit in Orléans bleiben zu dürfen. Der Doktor tat sein Möglichstes, und die Bitte wurde gewährt. Als aber zehn Tage später ein anderer Zug von Verbannten durch Orléans kam, mußte Pater Caret sich ihnen anschließen und stieß noch einige Tage vor der Einschiffung in Rochefort wieder zu seiner alten Gruppe.

Sonntag, 11. Februar 1798

Die wohltuende Zeit in Orléans verging schnell. Nach drei Tagen hieß es wieder aufbrechen. Der Weg führte sie bei weiterhin heiterem Wetter über eine gut ausgebaute, bequeme Landstraße mitten durch endlose, winterlich kahle Weinfelder nach Beaugency.

In BEAUGENCY besuchte sie ein Priester, der den Eid geleistet hatte und in dieser Situation seine Verlegenheit angesichts der zur Verbannung verurteilten, kirchentreuen Kollegen nicht verbergen konnte. Custer dachte: »Er ist sicherlich kein böser Mensch, er ist einfach schwach.« Die Priester in ihrer Not hatten sogar Mitleid mit ihm, denn sie merkten ihm seine innere Unruhe und Unsicherheit, sein schlechtes Gewissen deutlich an.

Montag, 12. Februar 1798

Es ging bei schönem Wetter auf einem äußerst schlechten, holprigen Weg weiter entlang der Loire bis BLOIS. Auch hier hatte man wie fast überall das Kloster in ein Gefängnis umgewandelt. Eine Hälfte der Karmeliterkirche mußte als Nachtquartier dienen.

Bei der Ankunft erhielt jeder auf Beschluß der Stadtverwaltung ein Pfund Brot und ein halbes Pfund Fleisch. Ein strenger Aufseher verhinderte jedoch jeglichen Besuch aus der Stadt. Den Gefangenen wurde mitgeteilt, daß es in Blois einen Tag Aufenthalt geben werde.

Blois

Dienstag, 13. Februar 1798

Am Morgen kam der Bürgermeister der Stadt mit allen
Abzeichen seiner Würde und hielt eine lange patriotische
Rede. Er könne sich überhaupt nicht vorstellen, warum ein
Priester den Eid auf die Revolution verweigern könne. Es
sei doch schließlich töricht, sich wegen ein paar Worten
so ins Unglück zu stürzen. Angesichts dieses Mannes war
Custer fest entschlossen: »Wenn ich je einen Eid schwören werde, dann nur den einen, daß ich diesen teuflischen
Schwur nicht leisten werde.« Als der hochdekorierte Revo-
lutionär merkte, daß seine Rede nicht den geringsten Eindruck hinterließ, ging er achselzuckend fort und ließ sich
nicht mehr blicken.

Mittwoch, 14. Februar 1798

Als die Gefangenen vor der Weiterfahrt den Leiterwagen
besteigen wollten, erschien der korrupte Wächter und präsentierte ihnen eine deftige Rechnung, obwohl er ihnen

nicht die geringste Nahrung hatte zukommen lassen, sie waren ja aus Gemeindemitteln mit der üblichen Gefangenenration versorgt worden. Da niemand zugegen war, der gegen diese Unverschämtheit hätte einschreiten können, mußten die Priester zähneknirschend den verlangten Preis bezahlen.

Oft genug mußten die Gefangenen auf ihrem Leidensweg erfahren, daß die Gefängniswärter großen Ehrgeiz entwickelten, die Deportierten und besonders die Priester zu quälen, während die Gendarmen, die sie auf dem Weg bewachten, im allgemeinen etwas mehr Milde walten ließen.

Erleichtert um den größten Teil ihrer Barschaft, erreichten sie nach beschwerlicher Fahrt an diesem Abend das Städtchen AMBOISE. Custer erinnerte sich, daß einst Leonardo da Vinci hier seinen Lebensabend verbracht hatte.

Donnerstag, 15. Februar 1798

Von Amboise sollte es entlang der Loire, diesmal mit einem durch ein grobes Tuch gedeckten Planwagen, nach TOURS gehen.

Chateau d'Amboise.

Amboise

Vor der Abfahrt wurde ihnen von zwei Gendarmen mit wichtiger Miene befohlen, sich in Zweierreihen aufzustellen, um sie mit Handschellen aneinander fesseln zu können. Diesmal trat der Aufseher für die ihm anvertrauten Gefangenen ein: »Diese Maßregel ist doch völlig überflüssig. Auf dem langen Weg, den diese Männer hinter sich haben, hätten sie oft genug Gelegenheit zur Flucht gehabt, wenn sie nur gewollt hätten.« Diesem Argument beugten sich die Bewacher, nachdem auch andere Umherstehende dem Aufseher laut zugestimmt hatten. Aus »Sicherheitsgründen« mußten die Gefangenen aber ihre Taschenmesser bei den Gendarmen abliefern. Als sie abends in Tours ankamen, wurden die Messer wieder ausgeteilt. Ein besonders schön gearbeitetes Exemplar fehlte allerdings. Es hatte wohl einen Liebhaber gefunden.

Freitag/Samstag, 16./17. Februar 1798

Zwei Ruhetage in Tours. Da aus der Stadt niemand nach ihnen schaute und sie noch etwas Geld hatten, um sich zu verpflegen, war diese Ruhepause von zwei Tagen recht erholsam für die Priester.

Es blieb sogar Zeit, die Kathedrale zu besichtigen. Nach dem Verbot der Gottesdienste glich sie mehr einer Scheune als einem Gotteshaus. Da die Gegend hier vom Weinbau lebte, hatte man aus dem Kirchenschiff ein Faßlager gemacht. Drei Jahre zuvor hatte das Comité die Gräber der hier in einer Gruft beigesetzten Grafen geschändet. Die Grabeskapelle glich jetzt der Höhle eines wilden Tieres. Die ekelhaften Dämpfe ließen kaum genügend Sauerstoff, um die Fackeln am Brennen zu halten. Im schummrigen Licht sah man Schädelknochen, zum Teil mit Haaren und noch mit Fleisch bedeckt, Glieder, die nach Eiter stanken, schwarz und zerbrochen und halb zu Erde verfallen.

Am zweiten Tag wurden ihnen drei weitere zur Deportation verurteilte Personen zugeführt, zwei Priester, der eine

Gardier, der andere Doru mit Namen, sowie ein in Ungnade gefallener Abgeordneter, Jean Jacques, genannt *Job,* Aymé, der in Frankreich einen gewissen Bekanntheitsgrad hatte und später, nach seiner Rückkehr aus Cayenne, ein Buch über seine Deportation veröffentlichte. Pater Doru wird um die 70 Jahre alt gewesen sein, er war in einem erbarmungswürdigen Zustand, entkräftet und halb erfroren. Doch kein Wort der Klage gegen seine Peiniger kam über seine Lippen.

Sonntag, 18. Februar 1798

Inzwischen war es wieder so kalt geworden, daß die Gefangenen mit Erlaubnis ihrer Bewacher den größten Teil des Weges zu Fuß zurücklegten. Die Gendarmen waren überhaupt recht freundlich zu ihren Schutzbefohlenen und dachten gar nicht daran, ihnen Handschellen anzulegen. Vorsichtig bereiteten sie die Priester unterwegs darauf vor, daß sie in ST. MAURE[32], der nächsten Station, einen abscheulichen Kerker vorfinden würden. Die Gefangenen, die schon seit Metz zusammen waren, ließen sich nicht schrecken – schlimmer als das, was sie in Villeneuve, in dem alten Turmloch mit all dem Ungeziefer erlebt hatten, konnte es ja kaum noch kommen. So bezogen sie mit Gelassenheit das feuchte Verlies, das man ihnen nach ihrer Ankunft in St. Maure zur Übernachtung anwies. Die drei Neulinge waren jedoch entsetzt über den Zustand des Kerkers. Sie schlugen vor, den Gendarmen ein Abendessen zu spendieren und sie dann zu bitten, die Gefangenen doch im Gasthaus übernachten zu lassen. Der Plan schien nicht schlecht, man legte Geld zusammen, und die Bewacher speisten fürstlich. Als die Priester anschließend ihre Bitte vortrugen, wurde ihnen unter größtem Bedauern beschieden, daß dies nun, bei aller Liebe, wirklich nicht möglich sei. Die Bemühung war also (ebenso wie das Abendessen für die Gendarmen) umsonst, das Geld war fort.

Montag, 19. Februar 1798

Am nächsten Tag wurden die Verurteilten direkt in das Gefängnis von Châtellerault überführt. Die Zellen übertrafen alles, was sie bisher an Dreck erlebt hatten. Die Beschwerde beim Kerkermeister, vorgetragen von dem ehemaligen Abgeordneten Job Aymé, der sich an seine neue Rolle noch nicht recht gewöhnen konnte, wurde mit beissendem Spott belohnt. »Was?« schrie der Büttel, »Ihr wollt Ansprüche stellen? Hier haben schon ganz andere Leute übernachtet und dabei gut geschlafen! Auch schon Pfaffen, die wahrscheinlich mehr getaugt haben als Ihr alle zusammen!« Während Aymé vor Wut kochte, schwiegen die Priester und trugen die Schmach mit geduldiger Gelassenheit.

Das Holz, das ihnen mitleidige Personen zum Feuermachen zur Verfügung gestellt hatten, mußten sie am Morgen, wen wundert es, dem brutalen Wächter noch teuer bezahlen.

Dienstag, 20. Februar 1798 (Mardi gras)

Bei ständigem Schnee und Regen kamen sie nur langsam voran und erreichten die nächste Station, Poitiers, erst am späten Abend. Wie schon gelegentlich zuvor auf ihrem Transport war auch hier ein Vertreter der Obrigkeit zugegen und ordnete an, ein Feuer zu machen und ein möglichst bequemes Nachtlager zu bereiten. Der Gefängniswärter schien ein ganz gutmütiger Mann zu sein. Aber schlitzohrig, besser gesagt betrügerisch und habgierig, war er wie alle seine Kollegen vor ihm, wie sich noch herausstellen sollte.
Zur Delegation aus der Stadt gehörte auch die Schwester des Generalvikars, der als Eidverweigerer schon nach Rochefort abgeführt worden war. Sie bestellte auf ihre Kosten ein reichhaltiges Nachtessen für die Deportierten. Alles wurde vom Kerkermeister aufs beste erledigt, aber am nächsten Morgen präsentierte er eine stattliche Rechnung

für die »Zeche«. Nachdem er das Geld kassiert hatte, zog er sich bescheiden zurück und ward nicht mehr gesehen. Wäre nicht die gutherzige Frau dazu gekommen und hätte ihnen das Geld erstattet, wären sie nahezu mittellos weitergefahren.

Mittwoch, 21. Februar 1798 (Aschermittwoch)

Am Nachmittag um vier Uhr erreichten sie bei angenehm sonnigem Wetter LUSIGNAN, einen kleinen armseligen Ort mit wenigen schäbigen Hütten, erbaut auf den Ruinen einer alten Wehranlage der Grafen von Lusignan. Sogar das Gemeindehaus, in das die Priester geführt wurden, war baufällig. Nachdem sie ihr Quartier bezogen hatten, kam eine ungepflegte ältere Frau und fragte, was sie zum Essen bringen solle. Einer der Priester sagte: »Kochen Sie eine einfache Suppe, aber ohne Fleisch. Heute ist Aschermittwoch, da dürfen wir kein Fleisch essen.« Nach einer Stunde erschien die Alte wieder und brachte einen eisernen Kessel voll Suppe. Sie war offensichtlich eine gute Katholikin, jedenfalls nahm sie das Fastengebot so ernst, daß sie den Priestern eine reine Wassersuppe mit ein wenig darin aufgeweichtem Brot vorsetzte.

Donnerstag, 22. Februar 1798

Am Nachmittag erreichten sie SAINT MAIXENT. Dort trafen sie auf einen Zug von englischen Kriegsgefangenen, die ins Innere Frankreichs in ein Lager geführt wurden. Bei dieser Begegnung blieb eine kurze Zeit, in der ein paar Worte gewechselt werden konnten. Dabei flüsterte ihnen

Saint Maixent

61

Krypta von St.
Léger mit Altar
in Saint Maixent,
die als Gefängnis
diente.

einer der Engländer zu: »Man will Euch nach Cayenne deportieren, aber faßt nur Mut, ihr seid noch nicht da, es ist noch eine hinlängliche Anzahl englischer Schiffe auf dem Meere, um Euch aus den Händen der Peiniger zu befreien. Die Engländer tun alles, um dem schändlichen Treiben der Republik ein Ende zu machen«

Freitag, 23. Februar 1798

Freitags wurde das Wetter sehr schlecht. Es regnete, schneite und stürmte entsetzlich. Die Kälte war fast unerträglich. Ein Leutnant der Infanterie, der die englischen Gefangenen hierher gebracht hatte, sollte den Transport der Priester durch ein ausgedehntes Sumpfgebiet in Richtung Küste bis NIORT begleiten. Er war zwar kein schlechter Mensch, aber er hielt sich genau an seine Vorschriften. Da der Befehl lautete, die zur Deportation Verurteilten auf einem Karren zu transportieren, erlaubte er ihnen nicht ein einziges Mal, abzusteigen und eine kurze Wegstrecke zu Fuß zu gehen. Bei dem schlechten holprigen Weg, durch den die Männer auf dem Karren hin und her geschüttelt wurden und ihnen bald alle Knochen weh taten, wäre ein Fußmarsch eine Wohltat gewesen.

Samstag, Sonntag, 24./25. Februar 1798

In Niort trafen sie auf eine brave, sehr mutige barmherzige Schwester, Sr. Gabriele, die es sich zur Aufgabe gemacht hatte, die Deportierten zu unterstützen. Sie ging täglich zu den wohlhabenden Bürgern der Stadt und bettelte alles zusammen, was sie für ihre Schützlinge gebrauchen konnte.

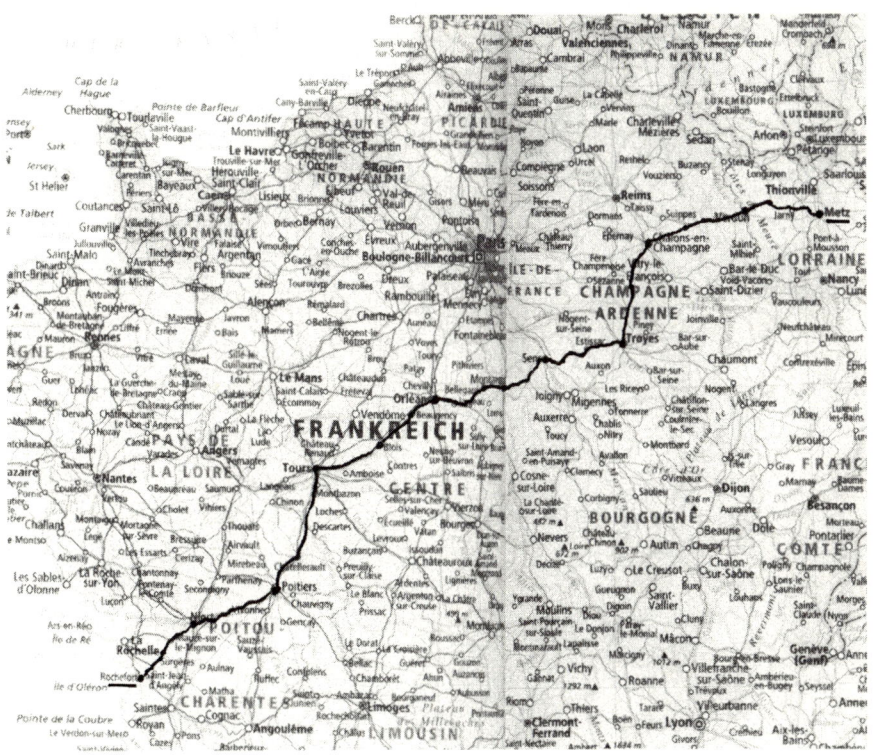

Der Zug der verbannten Priester quer durch Frankreich von Metz nach Rochefort
– eine Strecke von mehr als 800 Kilometern.

Während des zweitägigen Aufenthaltes in Niort sorgte
die treue Seele auf diese Weise für den Unterhalt der Priester. Bei der Abreise half sie ihnen beim Besteigen des Kar-
rens und konnte jedem noch etwas Geld zustecken.

Montag 26. Februar 1798

Das Geld kam ihnen schon am nächsten Tag sehr gelegen,
als sie nämlich in SURGÈRES, der vorletzten Station ihrer
Reise, in einem Gasthaus übernachten durften – bei ent-
sprechender Bezahlung, versteht sich.

Dienstag, 27. Februar 1798

Völlig ausgezehrt und entkräftet - genau fünf Wochen waren sie seit ihrem Aufbruch aus Metz unterwegs gewesen - erreichten sie am 27. Februar endlich die Hafenstadt Ro-CHEFORT, das vorläufige Ziel der Reise. Nach einer kurzen Pause auf der *Place d'Armes* wurden sie direkt in das Hospiz der Marine geführt, das als Gefängnis diente.

4. Rochefort

Seit Colbert, der einflußreiche Minister Ludwigs XIV., im Jahre 1766 begann, hier einen der größten Kriegshäfen des Landes anzulegen, ist die Stadt Rochefort am Unterlauf der Charente von der Marine geprägt. Seeoffiziere, Lotsen, Matrosen, Schauerleute, Werftarbeiter und Kurtisanen bevölkern Straßen und Plätze. Kriegsschiffe werden hier komplett ausgerüstet, vom Anker über Munition bis hin zum Proviant. Das Arsenal, ein mächtiger Neubau am Ufer der Charente, beherbergt eine Segelmacherei, Seilereien, Werkstätten für nautische Instrumente, eine Böttcherei und eine Schmelze für die Produktion von Schiffskanonen. Auch ein Schlachthof und eine Metzgerei sind hier angesiedelt. In einer großen Werft werden Reparaturarbeiten ausgeführt, aber auch neue Kriegsschiffe auf Kiel gelegt, die das Land so dringend braucht für den Krieg gegen die Engländer

View of the Port & Magazine of ROCHEFORT, in the Province of Aunis, in the Kingdom of France.

Rochefort

in Übersee. Besonders stolz ist man in Rochefort auf eine Erfindung, eine Weltneuheit, die die Wartung der großen Schiffe revolutioniert, ein sogenanntes Trockendock.

Rochefort ist aber auch für lange Zeit Sammelplatz für die Verurteilten, die von hier aus nach Cayenne deportiert werden. Napoléon Bonaparte tritt von Rochefort aus seine letzte Reise in die Verbannung nach St. Helena an.

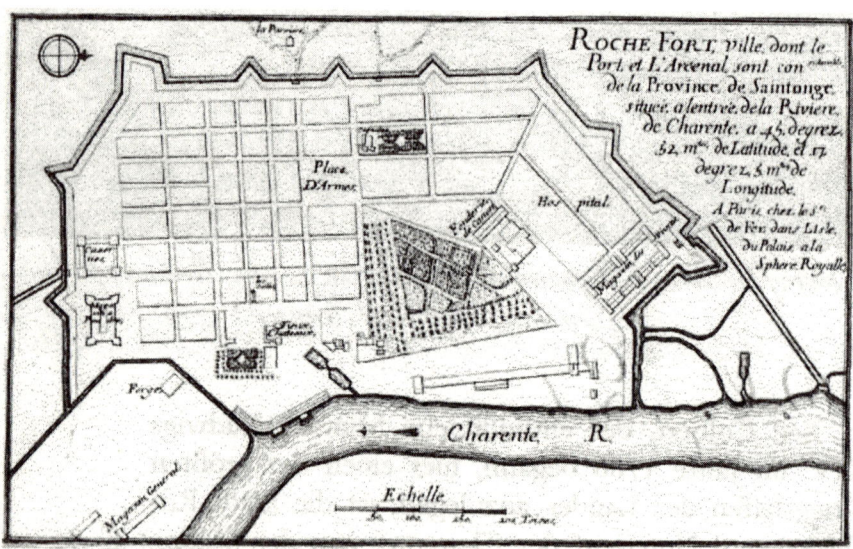

Plan der Stadt
Rochefort

Nicolas Custer, Michel Wagner und die anderen verurteilten Priester wurden in das Marinehospiz geführt, wo man einen Raum als Gefangenenlager bereitgehalten hatte. Beim Betreten des großen Saales waren sie schockiert. Was für ein Anblick! Lauter Gefangene, dicht gedrängt! Es müssen ungefähr 130 Personen gewesen sein, größtenteils Priester. Jetzt kam noch die Gruppe von zwölf Mann hinzu.

Der erste, der ihnen entgegenkam und sie begrüßte, war der Generalvikar von Poitiers, von dessen Schwester sie während ihres Transportes so großzügig unterstützt und zum Essen eingeladen worden waren. Er umarmte einen nach dem anderen, lobte jeden für das Durchhalten und sprach ihnen Mut zu für das, was sie noch zu erwarten hatten.

In den folgenden Tagen kamen immer weitere Züge von Gefangenen hinzu, so daß sich ihre Zahl endlich bis auf weit über 200 steigerte und kaum noch Platz genug blieb, um nebeneinander zu liegen. Entsprechend stickig und stinkend war die Luft im Saal. So waren die Eingesperrten dem Aufseher stets sehr dankbar, wenn er früh morgens die Türen öffnete und dadurch ein wenig frische Luft hereinkam. Morgens wurde ihnen die Tagesration zugeteilt: 1 ½ Pfund Brot von schlechter Qualität und ein Glas Wein. Mittags gab es eine magere Suppe mit etwas Fleisch oder besser gesagt Knochen. Die Suppe war ein ekelerregendes Gemisch allerlei undefinierbarer Zutaten und war kaum zu genießen. So blieben das schlechte Brot und der Wein für die meisten die hauptsächliche Nahrungsquelle. Im Gefängnishof gab es ein Zelt, in dem ein alter Kriegsinvalide einen kleinen Handel mit Lebensmitteln, Tabak und Wein betrieb. Wer also noch etwas Geld hatte, konnte sich hier eine Stärkung kaufen.

Ange Pitou, der in Ungnade gefallene, einst so populäre Sänger, notiert über das Gefängnis-Hospiz: *Der Saal war 42 Fuß lang und 60 Fuß breit[h]. Er ist von stinkendem Sumpfgelände umgeben. Drinnen gibt es keine Ruheplätze. Tag und Nacht erhebt sich eine rötliche Wolke aus den Kloaken, die die Atmung behindert, Übelkeit und Schweißausbruch erregt und nachts den Schlaf verhindert. Wir sind als Halblebende begraben im Schatten des Todes. Unser Saal gleicht am Abend einem Schlachtfeld, übersät mit Toten. Dennoch singen wir inmitten dieser Qualen unsere Lieder.*[34]

Liste der 182 zur Deportation Verurteilten

---

h Etwa 12 mal 18 Meter

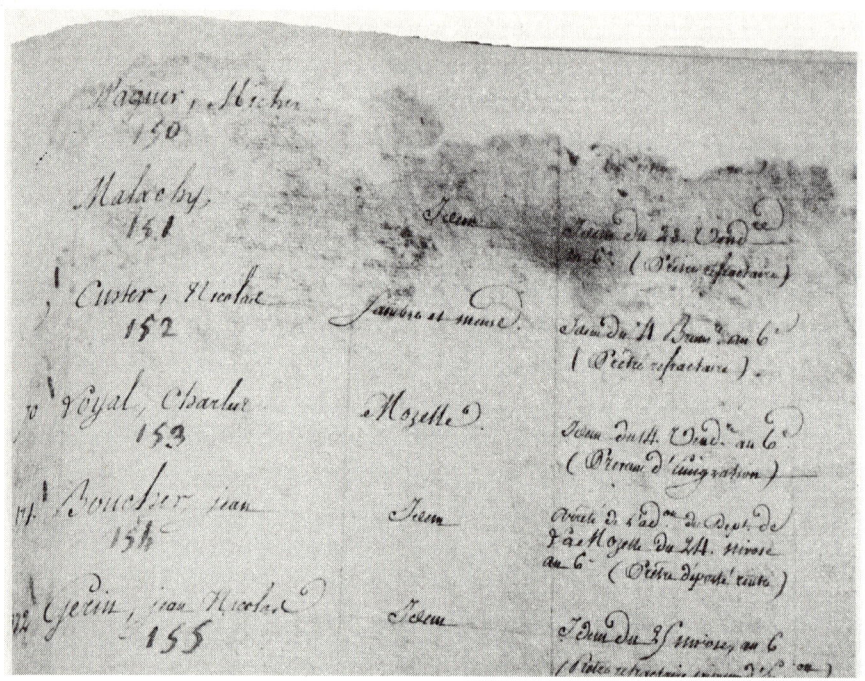

Ausschnitt aus der Liste der Verurteilten. Nr. 150 Wagner, Michel; Nr. 152 Custer, Nicolas

Wie es sich für ein Hospiz gehört, gab es auch einen Arzt vom Dienst. Jeden fünften Tag machte er Visite, das heißt, einen kurzen, wortlosen Rundgang durch den Saal, um sich dann, die Hände reibend, rasch wieder zu verabschieden: »Kaum Kranke, auf Wiedersehen.« Wenn er sich dann doch ausnahmsweise eines Kranken annahm, sprach aus dem Medicus der blanke Zynismus: »Was haben Sie? Sie bilden sich das alles nur ein!« »Wie, Ihnen geht es schlecht? Was glauben Sie, wie es mir geht!« Und im Hinblick auf das tropische Cayenne »tröstet« er einen Patienten: »Sie können nur in einem warmen Land gesund werden.«

Die Zugänge wurden von den Gefängnisbehörden in langen Listen genau registriert. Die Herkunft und das Datum der Verhaftung aller Verurteilten wurden notiert, ebenso der Grund für die Deportation.

Nicolas Custer ist in dieser Liste unter der Nummer 152 aufgeführt. In der zweiten Spalte wird seine Herkunft ange-

geben: Departement Sambre-et-Meuse[i]. Als Datum seiner
Festnahme findet sich in der dritten Spalte der 4. Brumaire 11. Nov 1797
des Jahres VI., in Klammern die Erklärung *»prêtre refrac-
taire«*, widerspenstiger Priester, also ein Priester, der den Eid
auf die Republik verweigert hat. Sein engster Gefährte, Michel Wagner, findet sich am oberen Rand des Ausschnittes
unter der Nummer 150.

Vierzehn Tage hatten die Gefangenen nun schon im 12. März 1798
überfüllten Hospitalgefängnis der Marine in Rochefort ausgeharrt, als der Wärter sie eines Morgens aufforderte, sich
binnen zwei Stunden zur Einschiffung bereitzumachen.
Jetzt ging es chaotisch zu. Einige beeilten sich, ihre Habseligkeiten zusammenzupacken, andere eilten schon dem
Ausgang zu, manch einer verharrte wie gelähmt im Gebet.
Bald sah das Gefängnis aus wie ein vom Feind verwüstetes
Lager. Ange Pitou beschrieb die Szene mit einem alttesta-
mentarischen Vergleich: *Am Ende der zwei Stunden stehen
wir da wie die Israeliten: den Gürtel um die Lende, den Stock in
der Hand, Sandalen an den Füßen, bereit für die Reise durch das
Tote Meer und die Wüste.*[35]

Um zehn Uhr waren alle zur Abreise bereit in dem großen
Saal versammelt. Der Kommissar für die Executiv-Gewalt,
ein gewisser Bürger Boichot, betrat in Begleitung von Ver-
tretern der Stadtverwaltung den Raum und hielt mit bedeu-
tungsvoller Geste einen letzten Generalappell ab. Nochmals
wurde in aller Form, fast feierlich, aus einem schönen ge-
bundenen Heft mit zwei Seidenbändchen das ihnen längst
bekannte Urteil verlesen. Zudem kam noch eine mit Siegel
versehene Urkunde zur Verlesung.

Anschließend wurden die zur Deportation Verurteilten
einzeln namentlich aufgerufen. Die Aufgerufenen mußten
sich an der gegenüberliegenden Seite des Saales der Reihe nach aufstellen. Schließlich blieben nur einige wenige,

---

i Sambre-et-Meuse mit der Hauptstadt Namur wurde 1795 als Département
eingerichtet, nachdem Belgien in den Revolutionskriegen mit Frankreich vereinigt
worden war. 1814 wurde das Departement wieder aufgelöst.

die nicht zur Deportation vorgesehen waren, an ihrem ursprünglichen Platz zurück.

Wir,

Kommissar des Executiv-Direktoriums bei der städtischen Verwaltung der Stadt Rochefort, Departement Charente, bestätigen, daß die in der vorliegenden Liste genannten 200 Individuen zur Deportation verurteilt worden sind in 5. Sept. 1797 *Anwendung des Gesetzes vom 19. Fructidor des Jahres V, so wie es sich aus den diversen Beschlüssen ergibt, die hinter ihren Namen mit Datum aufgeführt werden, und die in den Archiven der städtischen Verwaltung aufbewahrt bleiben.*

Die 200 zur Deportation Verurteilten wurden heute von uns dem Armee-Kommandanten in diesem Hafen übergeben, um entsprechend den Anweisungen des Ministers der allgemeinen Polizei an Bord der republikanischen Fregatte »La Charente« unter dem Kommando von Kapitän Bruillac verbracht zu werden und nach Französisch Guyana deportiert zu werden.

12. März 1798 *Rochefort, am 22. Ventôse des Jahres VI der einen und unteilbaren französischen Republik*
Boichot
Ps. Die vorliegende Liste reduziert sich auf 182 Individuen, da 18 zum Zeitpunkt der Einschiffung krank im Hospital zurückgeblieben sind, wie es durch eine Notiz hinter ihrem Namen festgehalten ist.
Zu Rochefort, am 22. Ventôse des Jahres VI der einen und unteilbaren Republik
Boichot[36]

Als sich endlich alle Gefangenen aufgestellt hatten, wurden sie in den Hof geführt, wo sich schon eine andere Gruppe Inhaftierter aus dem St. Maurice-Gefängnis versammelt hatte. Plötzlich ein Trommelwirbel, ein Marschbefehl hallte über den Hof, und unter dem dumpfen Schall der Trommeln setzte sich die Prozession langsam in Bewegung. An der

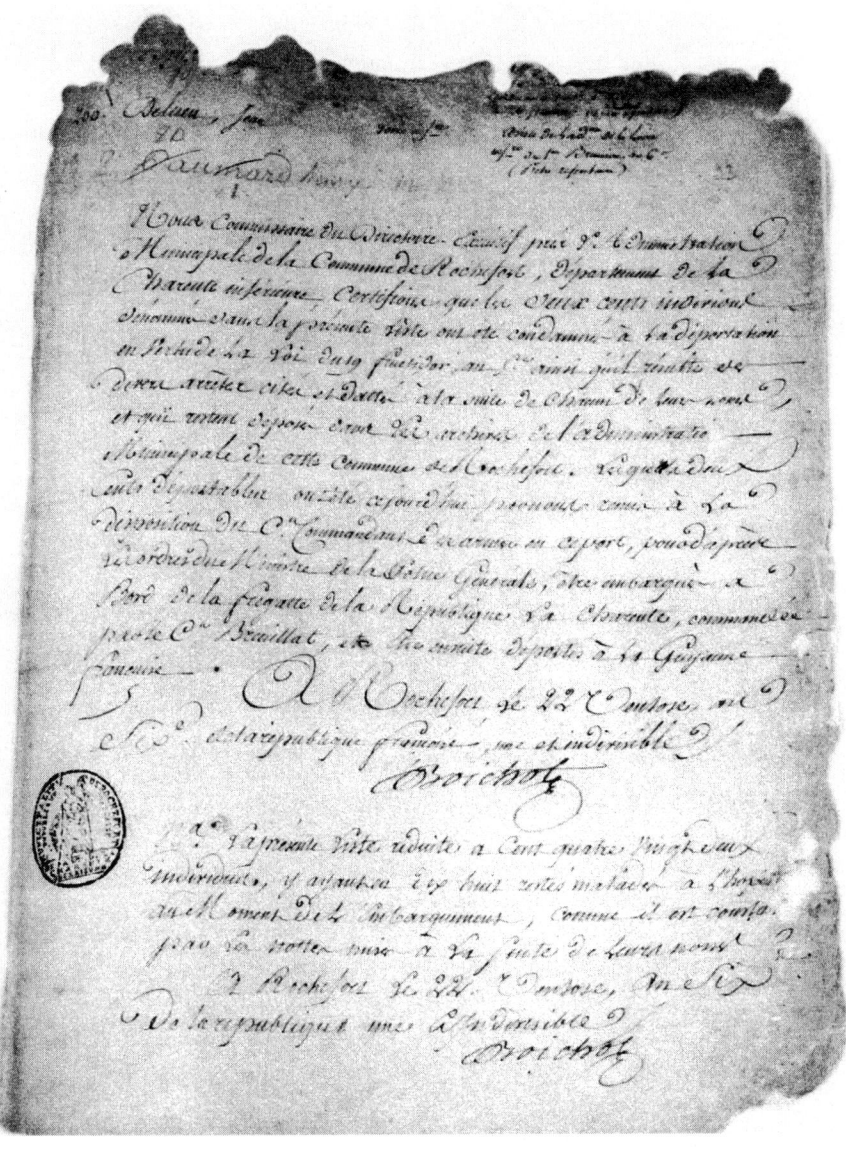

Urkunde über die Ausschiffung der zur Deportation Verurteilten

Spitze marschierte sichtlich stolz der Bevollmächtigte des Direktoriums, der zu diesem wichtigen Ereignis aus Paris angereist war. Ganz offensichtlich genoß das unscheinbare

Männchen mit der strahlenden Uniform, dem dreifarbigen Federbusch am Hut und dem viel zu großen Säbel an der Seite seinen Auftritt. Die Gefangenen wurden durch ein Spalier von Soldaten mit aufgepflanzten Bajonetten geführt, die in zwei Reihen rechts und links der Straße Aufstellung genommen hatten.

Viele Menschen hatten sich auf den Straßen und Plätzen versammelt. Der Stadtrat von Rochefort war vollzählig erschienen. Aber während sich die Offiziellen und die Uniformierten mit Vergnügen und ohne jegliches Mitgefühl, fast feierlich, ihren wichtigen Aufgaben widmeten, sah man unter den einfachen Leuten doch eher bedrückte Gesichter. Bestürzung und tiefes Mitleid spiegelten sich in den Mienen vieler Bürger.

Pater Marduel, der in Guyana mit Nicolas Custer zusammentreffen sollte, wurde auf der Corvette »Bayonnaise« mit 119 anderen Deportierten nach Cayenne gebracht.

Als erstes Schiff der zweiten Deportationswelle lief die »Vaillante« im September 1797 mit 16 Deportierten an Bord nach Cayenne aus.

Es folgte die Fregatte »La Charente« am 12. 3. 1798 mit 193 Verurteilten, darunter Nicolas Custer und 154 weitere Priester.

Nach einer Havarie während eines Seegefechtes wurden die Gefangenen von der »Décade« übernommen, die am 24. 4. 1798 von Royan auslief und Cayenne am 13. 7. 1798 erreichte.

»La Bayonnaise«, ein mit 30 Kanonen bestückter Dreimaster, lief am 1. 8. 1798 aus und brachte 119 Personen, darunter Pater Marduel, nach Cayenne.

Bei einer zweiten Reise wurde die »Vaillante« schon nach acht Tagen von den Engländern aufgebracht. Den Gefangenen wurde die Freiheit wiedergegeben und auf englischem Hoheitsgebiet die nötigen Existenzmittel gewährt, bis sie nach dem Erlaß Bonapartes die Erlaubnis zur Rückkehr nach Frankreich erhielten.

Von den insgesamt 328 Deportierten starben 172 auf der Überfahrt oder in der Verbannung an Unterernährung, Dysenterie, Malaria oder Gelbfieber. 23 gelang die Flucht. 133 wurden nach dem Sturz des Direktoriums durch Bonaparte rehabilitiert.

5. Nach Cayenne

Am Hafen angekommen, wurden die Gefangenen sogleich auf drei Gabaren[j] verteilt, mit denen sie zur Fregatte »Charente« transportiert werden sollten, die unter dem Kommando von Kapitän Bruillac in der Charentemündung vor Rochefort auf Reede lag.

Zusammengedrängt wie Heringe in einem Faß, ohne jegliche Bewegungsfreiheit, bei bitterer Kälte, wurden die Gefangenen, teils im Frachtraum, teils an Deck stehend, untergebracht. Eine erbarmungswürdige Fracht!

Ein vollbesetzter Kahn nach dem anderen machte von der Pier los, um bei widrigem Wind und heftigem Seegang die Fahrt zu der Fregatte aufzunehmen. Erst gegen zehn Uhr abends, weit nach Einbruch der Dunkelheit, erreichte der erste Transport sein Ziel.

Die »Charente«

Die Insassen des ersten Bootes waren schon an Bord der »Charente«, als das zweite, in dem auch Nicolas Custer und seine Gefährten untergebracht waren, heftig schwankend an der Längsseite der Fregatte vertäut wurde.

Mächtig ragte die Bordwand des riesigen Schiffes in die Höhe. Beim Blick nach oben schienen die starken Masten mit den aufwärts spitz zulaufenden Wanten die Wolken zu berühren, die sich bedrohlich schwarz am dunklen Himmel zusammenzogen. Ein Fallreep, mit dessen Hilfe man auf das Deck der »Charente« hätte hochklettern können, gab es nicht. Stattdessen waren an der Außenwand Bretter im Ab-

---

j Gabaren sind breite flache Lastschiffe.

stand von jeweils etwa zwei Fuß angebracht, die als Leiter dienten. Anstelle eines Geländers hing ein dickes Tau, an dem man sich während des Aufstiegs mit einer Hand festklammern und nach oben hangeln konnte, von der Reling herab. Es kam einem Wunder gleich, daß bei dem mühseligen Hochklettern, bei immer noch starkem Seegang, an der schwankenden Bordwand keiner der durch Krankheit und Entbehrungen geschwächten Deportierten mit kältestarren Gliedern, zudem noch beladen mit den wenigen Habseligkeiten, abgestürzt und in der tiefen, bewegten See ertrunken ist. Einige waren so schwach, daß sie beim besten Willen den Aufstieg nicht schafften. Ihnen konnte geholfen werden: mit einem Lastkran wurden sie an Bord gehievt.

Als Nicolas Custer glücklich das Deck der Fregatte erreicht hatte, wurde er von einem Matrosen zu einer Einstiegsluke gestoßen, durch die es nun wieder nach unten tief in den Bauch des mächtigen Schiffes ging. Über eine senkrecht nach unten führende Stegleiter erreichte er das erste Unterdeck, die Schiffsbatterie. Obwohl es dunkel war, konnte er zu beiden Seiten schwere eiserne Kanonen ausmachen, deren Rohre durch Aussparungen in der Bordwand nach außen gerichtet waren. Eine weitere Luke auf dem Batteriedeck diente als Einstieg zum Zwischendeck. Hier sollten sich die Deportierten während der Überfahrt einrichten.

Mühsam zwängte sich Pater Custer durch die enge Öffnung zum darunterliegenden Deck. Eine entsetzliche Hitze schlug ihm entgegen. Auf der untersten Stufe angekommen, packte ihn ein Mann, der eine Laterne trug, am Arm und führte ihn weiter ins Innere des Schiffes. Als der Mann mit der Laterne endlich stehenblieb, drängte er den Priester in eine Ecke und bedeutete ihm, er solle sich zum Schlafen legen. Custer verstand nichts. Der Laternenmann versuchte, ihm mit allerlei Gesten klarzumachen, daß er sich ausziehen solle. Als er mit seiner flackernden Lampe seitwärts auf den Boden leuchtete, sah Custer, dessen Augen sich inzwischen an die Dunkelheit gewöhnt hatten, etwas wie Säcke, die an

den vier Ecken mit Seilen an der niedrigen Decke befestigt
waren. Jetzt erkannte er, daß es sich um Hängematten handelte, aus festem Stoff, kaum drei Fuß breit und viel zu kurz
für einen normalen Menschen. Schattenhaft zeichneten
sich um ihn herum die Körper der Mitgefangenen ab, die
schon in diesen Hängematten lagen. Die Ärmsten, ihr Kopf
oder ihre Beine hingen an einem Ende heraus. Jedenfalls
verstand Pater Custer jetzt, was man von ihm verlangte. Er
sollte es sich in gleicher Weise in einem der schwebenden
Betten bequem machen.

Unterbringung der
Deportierten auf
dem Zwischendeck

Nach einer schlimmen Nacht in dem verpesteten Lager
wurden die Gefangenen am nächsten Morgen herausgelas-
sen. Welch eine Wohltat, an Deck wieder etwas frische Luft
atmen zu dürfen! Den Gefangenen wurde ein begrenzter
Platz auf dem Oberdeck angewiesen, wo sie sich tagsüber
aufzuhalten hatten.

An diesem Morgen wurden die Insassen der dritten Ga-
bare an Bord der »Charente« übernommen. Dadurch stieg
die Zahl der Gefangenen so weit, daß der Raum im Zwischendeck nicht mehr für alle reichte. Not macht bekannt-

lich erfinderisch, und so fand die Schiffsleitung auch rasch eine Lösung. Die Hängematten wurden in dem ohnehin sehr niedrigen Raum, in dem man sich nur gebückt bewegen konnte, in zwei Reihen übereinander an den Deckstützen befestigt. Nun lagen die Deportierten in der oberen Reihe so dicht unter der Decke, daß sie den Kopf nicht heben konnten, während die Untenliegenden sich nicht rühren konnten, weil sie eingezwängt waren zwischen den Deckplanken und der von der Last durchhängenden oberen Hängematte. Keiner konnte sich also bewegen, ohne daß die ganze Umgebung daran teilhatte. Die Gefangenen bildeten auf diese Weise einen Klumpen von über- und nebeneinanderliegenden Körpern. An- und Auskleiden war unter diesen Bedingungen nicht mehr möglich, so daß alle in ihren Kleidern schliefen. In jeder Erdhöhle wären die Gefangenen sich wie in einem Palast vorgekommen gegenüber dieser Marter. In ständiger Gefahr zu ersticken, vermißten sie ein wenig frische Luft mehr als das Essen. Der Gestank, der durch die einzige Öffnung des Raumes, die Einstiegsluke, nach oben auf das Batteriedeck aufstieg, war so übel, daß die Wachsoldaten Beschwerde führten und nach kürzerer Zeit als üblich abgelöst werden mußten.

Dreimal täglich wurde Essen ausgegeben. Morgens gab es ein Stück trockenes Brot und einen Schluck Branntwein, mittags wieder Brot, ein Stückchen gesalzenes Fleisch und einen Viertelliter Wein. Abends erhielten die Gefangenen immer eine Kelle voll gekochter Bohnen. Das Essen an Bord war besser als das im Gefängnis von Rochefort, was Kapitän Bruillac zu verdanken war, der sich um die ihm Anvertrauten sorgte und sich bemühte, ihr Schicksal zu erleichtern, soweit es ihm möglich war.

Wegen anhaltend widriger Winde konnte die »Charente« zunächst nicht auslaufen. So mußten die Verurteilten unter diesen schrecklichen Bedingungen zehn Tage auf Reede liegend ausharren. Während dieser Zeit wurden einige Gefangene, die selbst der Schiffsarzt für reiseunfähig hielt, nach

Rochefort zurückgebracht. An ihrer Stelle wurden neue Gefangene an Bord genommen.

Zwei Häftlinge waren infolge der unmenschlichen Situation dem Irrsinn verfallen. Der eine, ein junger Leutnant namens Jacob, der schon zwei Jahre in Haft war, sprang in selbstmörderischer Absicht mehrmals über Bord, wurde aber jedesmal wieder halbtot aus dem Wasser gezogen. Der andere, ein Priester, hielt sich für einen Kardinal und bestand auf der Anrede »Eminenz«. Ansonsten war er sehr bescheiden und liebenswürdig. Sein größter Kummer bestand darin, daß es ihm durch die Gefangenschaft unmöglich sei, am nächsten Konklave teilzunehmen, das bei dem schlechten Gesundheitszustand des Heiligen Vaters bald zu erwarten sei. Die beiden »Irren« schickte man mit sieben anderen Kranken zurück nach Rochefort. Da nun wieder Platz war, wurden sie ersetzt durch sechs Altersschwache und drei Skorbutkranke.

Um die Sträflinge noch besser kontrollieren zu können, wurden sie in Gruppen von je sieben eingeteilt, die immer zusammenbleiben, gemeinsam essen und schlafen mußten. Dabei hatte sich das Direktorium eine weitere Gemeinheit einfallen lassen. Auf seinen ausdrücklichen Befehl wurden die Gruppen so zusammengestellt, daß nicht nur Priester, sondern immer auch gemeine Verbrecher in einer Gruppe zusammen waren. Diese Maßnahme sollte die starrsinnigen Eidverweigerer weiter demütigen und demoralisieren.

Am 30. Ventôse wurden die Gefangenen im Zwischendeck aufgeschreckt durch den Geschützdonner der Schiffsartillerie; nicht nur von der »Charente«, sondern auch von den anderen auf Reede liegenden Kriegsschiffen wurde ein wahres Feuerwerk veranstaltet. Wie Pater Custer von einem Matrosen erfuhr, geschah dies zum neu eingeführten Fest »Zu Ehren der Souveränität des Volkes«. 20. März 1798

Endlich, am Morgen des 1. Germinal Jahr VI, ging die Fregatte »Charente« bei günstigem Wind unter Segel. Die Gefangenen waren zu dieser Zeit an Deck, und wer einen Platz an der Reling ergattert hatte, konnte beobachten, wie 21. März 1798

ganz allmählich der Küstenstreifen schmäler wurde, sich in
der Ferne immer undeutlicher abzeichnete, bis er schließlich
ganz im Dunst hinter dem Horizont verschwand. Während
die Deportierten nun einer ungewissen Zukunft mit wenig
Hoffnung auf Rückkehr entgegensegelten, dachten die meisten an ihre Familien, ihre Gemeinden, und manch einer
konnte die Tränen nicht zurückhalten bei der Aussicht, die
Heimat für alle Zeit hinter sich lassen zu müssen.

Seegefecht

Am nächsten Morgen wurden die Gefangenen durch einen ungewöhnlichen Lärm aus dem Schlaf gerissen. Direkt
über ihnen auf dem Batteriedeck schien ein wirres Durcheinander zu herrschen. Lautes Schreien und dazwischen unverständliche Kommandos waren zu hören. Schnell sprach
es sich herum: der Aufruhr war entstanden, weil drei englische Kriegsschiffe aufgetaucht waren, die sich mit großer
Schnelligkeit zum Angriff auf die »Charente« näherten. Es
handelte sich um die »Old Canada«, die »Pomone« und die
»Flora«. Kommandant Bruillac ließ sein Schiff sofort Kurs
auf die Küste nehmen, wo er sich den Engländern gegenüber im Vorteil sah. Ihm waren – im Gegensatz zu den Angreifern – die Gewässer hier mit den zahlreichen Untiefen
und Klippen bekannt, außerdem hatte seine Fregatte einen
etwas geringeren Tiefgang als die englischen Kriegsschiffe.
Um den Tiefgang noch weiter zu verringern und das Boot
noch etwas schneller zu machen, ließ er alle Vorräte, auch
die nötigsten Lebensmittel, Frischwasser und Weinfässer
über Bord werfen. Alles überflüssige Holz, sogar die Holzverschläge aus dem Zwischendeck, wo die Gefangenen untergebracht waren, wurde herausgerissen und ins Wasser
geworfen.

Trotz dieser Maßnahmen gelang es den Engländern, immer näher an die »Charente« heranzukommen, so daß sie schließlich das Feuer eröffnen konnten. Unaufhörlich schlugen jetzt krachend Kugeln ein. Von der »Charente« gab es heftige Gegenwehr. Als auf der »Pomone« ein Feuer ausbrach, war diese zeitweilig außer Gefecht gesetzt.

Die HMS Pomone, eines der englischen Kriegsschiffe, die sich ein Seegefecht mit der Charente lieferten.

Als sie sich aber nach kurzer Zeit wieder gefechtsklar meldete, konnten die englischen Schiffe von drei Seiten gleichzeitig angreifen. Dabei wurde die »Charente« von einer vollen Breitseite getroffen und die Ruderanlage zerstört. Manövrierunfähig steckte sie nun Treffer auf Treffer ein, dümpelte hilflos auf der bewegten See und war dem Wind ausgesetzt, der das Schiff allerdings langsam auf die Küste zutrieb.

Die Deportierten blieben während der ganzen Zeit in ihrem schwankenden, dunklen Verlies eingeschlossen und nahmen nur das fürchterliche Getöse und Gedröhne wahr, sodaß sie ihr eigenes Wort nicht verstehen konnten. Immer wieder kam es zu Erschütterungen, die die armen Männer durcheinanderwirbelten. Einige hatten sich am Hauptmast festgeklammert, wurden aber weggestoßen, als ein Artilleriegeschoß im oberen Teil des Mastes einschlug. In das Zwischendeck selbst drang jedoch keine Kugel ein.

Das allgemeine Chaos wurde jäh unterbrochen durch ein Krachen, das deutlich erkennbar nicht von der englischen Schiffsartillerie verursacht worden war, sondern aus der Tiefe der »Charente« nach oben drang. Die Planken des Zwischendecks bebten, Staub wirbelte hoch, das Schiff erzitterte und ächzte in allen Fugen. »Großer Gott, wir gehen unter!« schrie ein Matrose mit schriller Stimme. Die Fregatte drohte auseinanderzubrechen. Sie war von einer mächtigen Welle auf einen Felsvorsprung geworfen worden. Aus

Seegefecht

Furcht, ein ähnliches Schicksal in diesem schwierigen Gewässer zu erleiden, stellten die Engländer das Feuer ein und zogen sich zurück. Vier Stunden hatte das Seegefecht gedauert.

Nach der Havarie entstand nun totale Verwirrung auf der Fregatte. Kommandant Bruillac ließ Signalschüsse abfeuern und Befehl geben, die Rettungsboote zu Wasser zu lassen. Ein Teil der Matrosen nutzte das Chaos an Bord zu Plünderungen und machte sich über die letzten Habseligkeiten der Gefangenen her, gerade so, als wollten sie auf einem gekaperten Schiff Beute machen.

Als das erste Rettungsboot endlich zu Wasser gelassen war, füllte es sich sofort bis auf den letzten Platz, natürlich nur mit Mitgliedern der Mannschaft. Das Gedränge war so groß, daß der Kapitän befahl, jeden auf der Stelle zu erschießen, der noch versuchen würde, in das Rettungsboot zu steigen. Die Zurückgebliebenen konnten beobachten, wie die Flüchtenden hastig fortruderten und mit großer Mühe und unter Lebensgefahr die felsige Küste erreichten. Unterdessen war die Fregatte durch die aufsteigende Flut wieder freigekommen und von dem Felsen weggetrieben. Durch den Aufprall war jedoch ein großes Leck in den Rumpf geschlagen worden, so daß nun alle Pumpen in Gang gesetzt werden mußten, um das Schiff vor dem Sinken zu bewahren. Zu diesem Zweck wurden die Gefangenen, die seit zwei Tagen nichts mehr zu essen bekommen hatten, an die Pumpen kommandiert. Schließlich gelang es mit vereinten Kräften, die »Charente« in die weite Mündung der Gironde zu lenken, wo sie endlich vor Royan Anker werfen konnte.

Außer dem großen Leck hatte die Fregatte durch den feindlichen Beschuß weiteren schwerwiegenden Schaden erlitten. Die Segel waren zerfetzt, der Hauptmast zerbrochen, die Takelage zerrissen, das Deck und die übrigen Masten waren mit Kugeln gespickt, die Ruderanlage zerstört. Ohne aufwendige Reparaturarbeiten war an eine Überfahrt nach Südamerika natürlich nicht mehr zu denken.

»La Décade«

Die »Charente« lag nun bis auf weiteres schwer beschädigt vor Royan fest. Die Deportierten wurden nicht ausgeschifft, sondern mußten auf dem Wrack unter teils lebensgefährlichen Bedingungen ausharren. Es dauerte genau vier Wochen, bis sich am 4. Floréal ein großes Schiff majestätisch unter vollen Segeln näherte. Es war die Fregatte »La Décade«, die den Gefangenentransport nach Cayenne anstelle der beschädigten »Charente« übernehmen sollte. 23. April 1798

Trotz aller Entbehrungen und Mißstände notierte Pater Wagner vor dem Übersetzen auf die »Décade« in seinem Tagebuch: *Ehe ich von der Charente scheide, muß ich noch sagen, daß der Kapitän und die Offiziere unserer Achtung in hohem Maße würdig waren; denn obgleich sie unser hartes Los nicht erleichtern durften, waren sie doch immer bestrebt gewesen, dasselbe nicht mutwillig zu verschlimmern. Ja, sie waren uns persönlich stets mit großer Freundlichkeit und Achtung begegnet, was bei dem damals in ihrem Vaterlande herrschenden Priesterhaß ihnen sehr hoch anzurechnen war.*[k]

Schon im Gefängnis in Rochefort hatten die Deportierten erfahren, daß der Kapitän der »Décade«, ein gewisser Villeneau, sowie seine ganze Mannschaft fanatische Jakobiner seien, und man hatte sie schon beglückwünscht, daß sie die Überfahrt auf der »Charente« machen durften. Angeblich habe Villeneau damals sein Bedauern darüber ausgedrückt, daß er nicht mit dem Transport der »Pfaf-

---

k Der »capitaine de la frégate«, Kommandant Alain Adélaide-Marie de Bruillac, wurde am 23. Pluviôse des Jahres VII (11. Februar 1799) wegen Tapferkeit vor dem Feind zum »capitaine de vaisseau«, Kapitän zur See, befördert, nachdem er auf der Fahrt von Cayenne einem zahlenmäßig überlegenen Feind standgehalten hatte und schließlich nach Royan zurückkehren konnte.

83

fenbrut« beauftragt worden sei. Er hätte gerne gezeigt, wie man solche »Canaille« mürbe macht. Nun war durch die besonderen Umstände sein Wunsch in Erfüllung gegangen, und er konnte ans Werk gehen und seine Drohungen wahrmachen. Dabei standen ihm seine Offiziere in nichts nach. Es waren meist berüchtigte Revolutionäre. Einer von ihnen brüstete sich ständig damit, seine nächsten Anverwandten ans Messer geliefert zu haben. Eine Ausnahme bildete lediglich ein junger Leutnant, Jagot war sein Name, der sich immer achtungsvoll und freundlich den Gefangenen gegenüber benahm. Er war auch der einzige, der etwas von der Seefahrt verstand. Die anderen waren zum Lohn für der Republik geleistete Dienste in diese Positionen befördert worden, obwohl sie nicht die mindeste Befähigung dazu hatten. Entsprechend gering war die Autorität, die sie bei der Mannschaft genossen. Mancher derbe Seemannsfluch wurde hinter ihrem Rücken ausgestoßen.

Sobald die Priester auf der »Décade« angekommen waren – die letzten, die kaum noch einen Hauch von Leben in sich hatten, waren mit einem Kran wie Vieh an Bord gehievt worden – erging der Befehl zum Sammeln auf dem Oberdeck. Von einer Ballustrade aus wurden sie vom diensthabenden Offizier durch ein Sprachrohr begrüßt:

Die Deportierten haben sich unter den strengsten Strafen den Vorschriften zu fügen, welche am Hauptmast für sie angeschlagen stehen.

Am Mast war eine Tafel angeschlagen:

1. Von 6 Uhr abends bis ½ 8 Uhr morgens, oder auch länger, je nach Befehl, haben sich die Sträflinge im Zwischendeck aufzuhalten, wo sie ganz genau dieselbe Ordnung zu beachten haben wie auf der »Charente«. In der übrigen Zeit können sie sich aufs Verdeck begeben, wo ihnen ein abgegrenzter Raum angewiesen ist.

2. Es ist den Sträflingen strengstens untersagt, mit der Schiffsmannschaft in irgendwelchen Verkehr zu treten.
3. Etwaige Klagen dürfen niemals schriftlich, sondern nur mündlich dem diensttuenden Offizier vorgebracht werden.

Zuwiderhandelnde werden mit Kettenstrafe belegt.

Während die Deportierten auf der »Charente« immer taktvoll als »Passagiere« angesprochen worden waren, hieß es auf der »Décade« nur »Sträflinge«. »Sträflinge zum Mittagessen!«, »Sträflinge ins Zwischendeck!« usw, ein deutliches Zeichen dafür, welcher Geist auf diesem Schiff herrschte. Die Geistlichen wurden besonders schlecht behandelt und dies nicht nur von den Mannschaften, sondern sogar von den weltlichen Mitgefangenen. So durfte zum Beispiel keiner der Priester auch nur für einen Augenblick sein Brevier aus der Hand legen, sofort war es verschwunden, und er konnte es vielleicht gerade noch in den Wellen versinken sehen, was jedesmal mit schadenfrohem Gejohle von den Umstehenden beklatscht wurde.

Auf einem alten Stich sind - an den Hängematten deutlich zu erkennen - die Unterkünfte der Gefangenen unter dem Batteriedeck mit den Kanonen dargestellt. Alte und Gebrechliche werden mit einer Art Flaschenzug an Bord gehievt. Bei dieser Reise wurden genau 193 Personen auf einem Raum von etwa zehn mal zwölf und einer Höhe von knapp anderthalb Metern zusammengepfercht.

Das Zwischendeck, die Unterkunft der Deportierten, war genau so eingerichtet wie auf der Charente. Allerdings wimmelte es hier von Ungeziefer. Die Versorgung war ungleich schlechter als auf dem Vorgängerschiff.

Die Qualität der Speisen hatte sich auf der Décade unglaublich verschlechtert. Brot gab es nur alle fünf Tage, und zwar drei Pfund pro Tisch, also für sieben Personen. Sonst gab es immer

Prison des Déportés sur la Frégate la Décade.
Moment du départ. On hisse les Vieillards et les Malades à bord.

L'entrepont à 30 p^ds de large : 37 de long : 4 ½ de haut : 193 personnes y sont logées avec leur sac de nuit. Deux rangs de hamacs les uns sur les autres sont soutenus de 3 p^ds en 3 p^ds par de petites colonnes (les Épontilles) le tout est fermé par de grosses barres de bois, et par deux grosses portes de prison avec leurs verroux.

Dieser alte Kupferstich trägt die Überschrift »Gefängnis der Deportierten auf der
Fregatte La Décade. Beim Ablegen. Alte und Kranke werden an Bord gehievt.«
Darunter steht zu lesen: Das Zwischendeck ist 30 Fuß breit, 37 lang und 4½ hoch. 193
Personen werden hier mit ihrem Schlafsack untergebracht. Zwei Reihen Hängematten, eine über der anderen, sind im Abstand von drei Fuß an den kleinen Deckstützen
angebracht. Der Raum ist mit dicken Holzbalken und breiten Gefängnistüren mit
Riegeln verschlossen.

verdorbenen Schiffszwieback, oft schon voll von Würmern und so
ekelhaft, daß man es kaum über sich bringen konnte, ihn in den
Mund zu stecken. Mittags erhielten wir gesalzenes Fleisch, jede
Portion etwa fingerlang und zwei Finger breit, oder Stockfisch.
Die Abendmahlzeit sollte Bohnensuppe sein, aber die Bohnen
waren niemals gekocht, sondern lagen fast roh in dem lauwarmen Wasser. Und das alles war schändlich unsauber zubereitet,

man brauchte den Schiffskoch nur anzusehen, um den Appetit zu verlieren. An ihm war das Weiße der Augen rein, sonst aber war er ganz mit einer dicken schmierigen Kruste überzogen. Die Näpfe, in denen wir unser Essen erhielten, sahen ebenso ekelhaft aus, aber wozu zwingt nicht der Hunger den Menschen? Und dazu waren die Portionen durchaus ungenügend, und wenn nicht immer einige unter uns gewesen wären, die vor Ekel nichts zu sich nehmen konnten, so hätten die andern, die bessern Appetit entwickelten, fast verhungern müssen.

Wasser zum Trinken gab man uns genug, aber es wurde, sobald wir den Wendekreis überschritten und die heiße Zone betreten hatten, so schlecht und übelriechend, daß man sich beim Trinken die Nase zuhalten mußte. An Löffel und Gabel war natürlich nicht zu denken, die hölzernen Näpfe waren unsere einzigen Eßgeräte. So machten wir es denn wie die wilden Indianer und benutzten unsere zehn Finger als Gabel.[37]

Der oben erwähnte Koch wird von Ange Pitou sarkastisch und sehr bildhaft geschildert:

Um den Schiffskoch zu malen, muß man das Genie eines Malers wie Callot haben, als er die »Versuchung des heiligen Antonius«[1] malte. Der Schiffskoch ist ein Tier, das durch seine außergewöhnliche Dummheit und Verschmutzung auffällt. Stellen Sie sich ein Wesen vor, das ausgetrockneter ist als ein alter Schuh, dessen olivenfarbiger Teint ölig glänzt vor Fett und Schweiß. Rote Augen und Tränensäcke. Eine Nase, groß wie ein Glühkolben. Vernarbte Hände mit schwarzen Schwielen. Aus seinen Backentaschen, die mit kleinen Haufen von Tabak gefüllt sind, laufen zwei braune Rinnsale über Zahnwurzeln, die wie Gewürznelken aussehen. Seine Hand reinigt oft die Nasen-Lippen-Falte, die bis zum Kinn reicht. Sein Hemd ist weder schwarz, noch weiß, noch braun, aber von zwei dicken Streifen einer Flüssigkeit überzogen, die durch das Feuer eingetrocknet sind, aber noch etwas feucht glänzen. Seine Haare triefen vor Öl. In den durchbohrten Ohren hängen zwei Birnen aus Blei bis auf den Kragen des Hemdes, das weit offensteht, so daß man

---

1 Jaques Callot, Kupferstecher und Radierer aus Nancy, 1592-1635. Auf dem genannten Bild sind eine Reihe teuflischer Gestalten dargestellt.

fast seinen ganzen Körper nackt sieht. Er ist weniger fett, als ein fauler Gaul, den man zum Abdecker bringt. Sein Körperbau reizt jeden Anatomen im Hörsaal, sein Skalpell zu zücken. Insekten belästigen ihn kaum, da die schmutzige Außenhülle einem alten gegerbten Leder gleicht, auf dem keine Blutgefäße mehr zu finden sind.[37]

Gegessen wurde im ersten Unterdeck, in der Schiffsbatterie. Der Platz war hier sehr beschränkt, einerseits durch die Kanonen, die zu beiden Seiten an der Bordwand aufgestellt waren, zum anderen waren in der Mitte zusätzliche Rettungsboote aufgehängt. Die Priester saßen zusammengezwängt, teils neben- teils übereinander, den Eßnapf auf dem Schoß balancierend. Bei starkem Wellengang schwappte die Bohnenbrühe oft über und ergoß sich über die mit einer dicken Staubschicht bedeckten Planken. Ehrwürdige Priester, die dann über den Boden krochen, um mit zittrigen Fingern die letzten eßbaren Brocken aufzulesen, gaben ein mitleiderregendes Bild ab. Die Schiffsoffiziere kannten aber kein Mitleid. Die »Fütterung der Gefangenen« galt ihnen als belustigendes Schauspiel, das sie oft genug mit Hohn und Spott begleiteten. Bei Nicolas Custer war der Ekel so groß, daß er sich allein von dem Brot ernährte, das alle fünf Tage ausgeteilt wurde. »Welches Leid müssen wir noch zur höheren Ehre von *Freiheit, Gleichheit, Brüderlichkeit* ertragen?« dachte er in seiner Verzweiflung bei sich.

Kapitän Villeneau

Villeneau war als aktiver Jakobiner in den Revolutionsjahren zum Kommandanten einer Fregatte aufgestiegen. Seine seemännische Unfähigkeit wurde lediglich durch seine Feigheit übertroffen. Das zeigte sich schon daran, daß er den Kapitän eines Kaperschiffes aus Bordeaux, das in Royan neben der Décade gelegen hatte, als sie am 7. Floréal gemeinsam ausliefen, überreden konnte, seine Fregatte sozusagen als Geleitschutz bis zu den Kanarischen Inseln zu begleiten.

26. April 1798

Unterstützt wurde der »brave« Kapitän von Offizieren, über die Pater Wagner in seinem Tagebuch schreibt: *Ich habe schon erwähnt, was für Muster von Tüchtigkeit unsere Offiziere waren, ihr Mut war nicht viel größer als ihre Wissenschaft.*

Schon nach drei Tagen wurde die Fahrt wegen einer andauernden Flaute unterbrochen. Bei absoluter Windstille dümpelte die »Décade« acht Tage lang vor der nordspanischen Küste im Golf von Biscaya. In den Stunden, in denen sich die Deportierten an Deck aufhalten durften, bot sich ihnen ein letzter Ausblick auf das alte Europa: Weit am Horizont die schneebedeckten Gipfel des Asturischen Gebirges, der satte grüne Küstenstreifen des Baskenlandes und dazwischen die eben zu erahnenden Silhouetten der Städte Bilbao und Santander. Als schließlich der Wind wieder aufkam, setzte man die Segel, umschiffte das Kap Ortegal und verlor bald das Festland aus den Augen.

Das Kaperschiff trennte sich hier von der »Décade«, um längs der portugiesischen Küste auf Beutezug zu gehen. Man verabredete aber für den drittnächsten Tag ein erneutes Zusammentreffen mit Villeneaus Fregatte. Da man sich von einem Schiff zum andern mittels eines Sprachrohrs verständigte, wurde jeder an Bord Zeuge dieser Verabredung. Als aber drei Tage später aus dem Mastkorb der Ruf »Schiff in Sicht!« zu vernehmen war, wurde der tapfere Kapitän derart vom Schreck ergriffen, daß er gar nicht mehr an die Absprache mit dem Korsaren dachte. Das erste Kommando: »Sträflinge ins Zwischendeck!« Dann ließ Villeneau die Kanonen laden, alle Waffen an Deck bringen. Es sah ganz so aus, als stehe eine große Seeschlacht bevor. Die Schiffsmannschaft lachte sich heimlich ins Fäustchen über die Panik, die ihren heldenhaften Anführer ergriffen hatte. Als das fremde Schiff direkt auf die »Décade« zusteuerte, wurde die erste Kanonenkugel abgefeuert. Das Feuer wurde nicht erwidert. In krampfhafter Erregung und mit angsterfüllten Blicken schraubte der Kapitän an seinem Fernrohr herum, bis er endlich sah, daß der vermeintliche Feind der bekannte Korsar war.

Nach diesem Schreck versprach Villeneau den Matrosen, die im Ausguck Dienst taten, die doppelte Ration Wein, falls sie ein fremdes Schiff rechtzeitig erspähen sollten. Das verdoppelte natürlich auch den klaren Blick der Wachmannschaften, und nur zwei Tage später schallte es aus dem Mastkorb: »Schiffe in Sicht!« Es handelte sich um eine kleine Flotte englischer Handelsschiffe. Eines dieser Schiffe segelte nahe an die »Décade« heran, um sie auszuspähen und nötigenfalls die anderen zu warnen. Villeneau hatte – welch grandioses Täuschungsmanöver – die englische Flagge gehißt, als er aber erkannte, daß es sich nur um eine kleine unbewaffnete Brigg handelte, ließ er wieder das Wahrzeichen der französischen Republik vom Mast flattern, kaperte den Feind und bemächtigte sich seiner Ladung. Der »mutige« Übergriff wurde schlecht gelohnt, die englische Brigg hatte nämlich nur Salz geladen. In seiner Wut ließ Villeneau den Hauptmast der Brigg abhauen, beschlagnahmte die Segel, den größten Teil der Schiffsinstrumente und überließ das Schiff hilflos seinem Schicksal.

Etwas mehr Glück hatten sie, als sie ein anderes englisches Schiff aufbrachten. Es war ein Fischkutter auf dem Weg zu den Fanggründen vor Neufundland. Zur Beute, die unter der Mannschaft verteilt wurde, gehörten Zitronen, getrocknete Feigen und Portwein, Waren, die gegen Wucherpreise von den Matrosen an die Deportierten weiterverkauft wurden.

Die nächsten Seeabenteuer ließen nicht lange auf sich warten:

Villeneau studierte die Seekarte so schlecht, daß wir eines Tages, da er es gar nicht vermutete, unfern der Kapverdischen Inseln, die durch Nebel verdeckt waren, fast Schiffbruch erlitten hätten. Es waren ungeheuer hohe Felsenriffe, die da aus dem Meeresgrund emporragten, man hatte sie anfangs für Wolkengebilde gehalten. Erst ganz in der Nähe erkannte der Steuermann mit Schrecken, was es war, und nur mit der größten Anstrengung konnte das Schiff sich seinen Weg zwischen ihnen hindurch bahnen. Durch diesen Vorfall waren die Wachen im Mastkorb so vorsichtig geworden, daß sie bei jeder unerwarteten Erscheinung Gefahr witterten. Einmal erscholl der Ruf: »Schiff in Sicht!« Es war aber nur ein Walfisch gewesen, der seinen Wasserstrahl mächtig hoch geblasen hatte und dann wieder in den Fluten untergetaucht war. Es mag auch sein, daß die Wachen manchmal mit dem Kapitän ihr Spiel treiben wollten, denn es war wirklich ergötzlich zu sehen, wie er jedesmal, wenn ein Schiff signalisiert wurde, förmlich zusammenschrak und mit ängstlicher Miene weitere Erkundigungen einzog: »Ist es groß? Steuert es auf uns zu? Sind es mehrere?« Wenn denn die Antwort ungünstig lautete, so rannte er mit allen Zeichen der höchsten Aufregung in seine Kajüte und kam lange nicht mehr zum Vorschein. Auch war der Respekt, den ihm die Matrosen entgegenbrachten, gleich Null. Er war für sie ein Gegenstand fortwährender Witze und Spottreden.

Es ist fast ein Wunder, daß bei einem so unwissenden und feigherzigen Kommandanten unser Schiff überhaupt seinen Bestimmungsort heil und ganz erreichte. Man wird auch nicht erstaunt sein zu hören, daß es auf der Rückreise, von englischen Schiffen angegriffen, sich ohne die mindeste Gegenwehr ergab. Welches Glück wäre es für uns gewesen, wenn – ich sage nicht drei, wie bei der Charente - sondern ein kleines bewaffnetes englisches Schiff unsern Pfad gekreuzt hätte: wir wären sicherlich befreit worden. Aber es sollte nicht sein! Gott wird wohl seine besonderen Absichten dabei gehabt haben.

Je länger die Fahrt dauerte, um so mehr machten sich für die Deportierten die miserablen Lebensbedingungen auf der »Décade« bemerkbar. Als sie den südlichen Wendekreis passierten, bekamen einige Fieber, andere zeigten als Folge der Mangelernährung deutliche Symptome von Skorbut mit entzündetem Zahnfleisch, geschwollenen Gelenken und Einblutungen in die Haut. Daraus ergab sich die Notwendigkeit, die Schwerkranken in einem abgesonderten Raum unterzubringen und besonders zu verpflegen. Ob es nun Boshaftigkeit oder Unvermögen des Schiffsarztes war, sei dahingestellt, jedenfalls bekamen alle Patienten die gleiche Medizin, und für alle wurde derselbe Tee gekocht.

Die Zahl der Kranken nahm täglich zu. Da der Kapitän, der nun selbst Angst vor Ansteckung hatte, die verpestete Luft in den Unterkünften für die Ursache hielt, befahl er, daß während der Nacht alle zwei Stunden 25 Gefangene an Deck mußten, um frische Luft zu schnappen. Eine Maßnahme, die zwar den unter Deck eingepferchten den letzten Schlaf raubte, aber sonst ohne Wirkung blieb. Zudem wurden täglich zwei der mitgeführten räudigen Schafe als Zusatznahrung für die inzwischen 60 Kranken geschlachtet.

Cayenne in Sicht

Eines Morgens, als Nicolas Custer das Oberdeck betrat, war nicht zu übersehen, daß sich die Farbe des Meeres verändert hatte. Statt in dem gewohnten kristallklaren, hellblauen Wasser der Karibik segelte die Fregatte jetzt durch trübes, bräunliches Gewässer. Erfahrene Seeleute erkannten sofort, daß man das Mündungsgebiet des Amazonas erreicht hatte.

Amazonasdelta? Auf jeden Fall ein großer Umweg. Es könnte Absicht des Kapitäns gewesen sein, um nicht den vielfach vor Cayenne kreuzenden feindlichen Schiffen in die Hände zu fallen, wahrscheinlich war es aber ein Navigationsfehler.

Es klang wie ein Befreiungsschrei aus vielen Kehlen: »Land in Sicht!«, »Land in Sicht!« Die Küste um das Kap Cachipour war schlammig mit dichtem Bewuchs von Mangrovenwäldern. Ein unwirtliches Gebiet, um das sich Portugiesen und Franzosen stritten. Gegen Mittag passierten sie das Kap Orange an der Mündung des Oyapok, deutlich erkennbar an seiner Festungsanlage auf einem Felsvorsprung.

Am nächsten Tag erfuhr man von einem Schiffsoffizier: »Nur noch 18 Meilen bis Cayenne.« Bei auffrischendem Wind passierte die »Décade« das Wahrzeichen für Segler, die »Deux Connétables«, zwei der Küste vorgelagerte Felsen, die den zahlreichen Seevögeln als Nistplätze dienten.

Mit Guano[m] überdeckt, hoben sie sich weißschimmernd vom Meer ab.

Endlich, am 22. Prairial Jahr VI, um halb fünf Uhr nach- 10. Juni 1798 mittags wurden die Anker geworfen, drei Meilen vor der Zitadelle von Cayenne, die aus der Ferne wie eine Bruchbude aussah. Ein Kanonenschuß sollte anzeigen, daß ein Lotse an Bord benötigt wurde.

---

m Vogelkotdünger

6. Die Sträflingskolonie

Am Morgen nach der Landung ließ Kapitän Villeneau sich mit einer Barke nach Cayenne übersetzen, um dem Statthalter die Ankunft der Deportierten anzuzeigen.

Auf dem Rückweg brachte er von Land Fleisch für die Gefangenen mit. Auf der Überfahrt ständig der Sonne ausgesetzt, war das ohnehin schon etwas faulende Fleisch nicht frischer geworden. Als es an Bord gebracht wurde, war es grau angelaufen, stank fürchterlich und war mit Maden besetzt. Trotzdem wurde es gekocht und als eine der letzten Mahlzeiten auf dem »gastlichen« Schiff wie gewohnt von den meisten Gefangenen mit Widerwillen verzehrt.

Die Insel Cayenne lag unmittelbar vor der Küste des französischen Teils von Guyana. Der Hauptort gleichen Namens war als Festung an der Mündung des Cayenne-Flusses in einer ungesunden, sumpfigen Ebene angelegt. Die Bezeichnung »Festung« konnte europäischen Vorstellungen kaum gerecht werden. Die Stadt wurde lediglich geschützt von einem Wall aus überwiegend morschen Holzpalisaden.

Ansicht von Cayenne.

Cayenne

95

Die drei Tore wurden abends regelmäßig geschlossen, was jedoch niemanden daran hinderte, zu Pferd oder zu Fuß den maroden Schutzwall zu überwinden. Außerhalb der Stadt lagen einige schöne Landhäuser und am Ufer des Meeres das von den Jesuiten erbaute Spital.

CAYENNE

Jesuiten hatten sich schon früh in dieser Gegend niedergelassen und unter einem gewissen Pater Grenilli die katholische Mission in Guyana begründet. Seine Nachfolger, die Väter Lombard und Renette, drangen tiefer in die Sümpfe von Guyana vor und wirkten segensreich für die Galibis, einen dort ansässigen Indianerstamm, indem sie nicht nur die Nächstenliebe predigten, sondern auch praktische Dinge des täglichen Lebens vermittelten. Es war ihnen sogar gelungen, einige Seelen zu gewinnen, das heißt, einige Kinder im christlichen Glauben zu erziehen. Sie konnten nicht ahnen, daß ihre missionarische Tätigkeit viel später den deportierten Geistlichen zugute kommen sollte, denen im Kontakt mit der indianischen Bevölkerung, ganz anders als im Umgang mit den Schwarzen, keine Feindseligkeit entgegenschlug, sondern vielmehr freundliche Unterstützung gewährt wurde.

JESUIT MISSION.

Missionshaus der
Jesuiten in Cayenne

Auf der Insel gab es eine staatliche Zucker- und eine Ge-
würznelkenpflanzung. Pfeffer wuchs hier übrigens nicht.

Fünf Tage nach ihrer Ankunft machte eine Schaluppe mit
dem Auftrag, die Kranken abzuholen, längsseits der »Décade« fest. Zu den 55 fiebernden, geschwächten Deportierten,
die sich nun mühsam an der Strickleiter hinunterhangelten,
weil sie an Bord nicht versorgt werden konnten und deshalb
nach Cayenne ins Hospital gebracht werden sollten, gehörte
auch Pater Michel Wagner. Nach fast drei Monaten auf See
setzte er seinen Fuß erstmals wieder auf festes Land. Das
Schwanken des Schiffes sollte er noch tagelang in seinen
unsicheren Beinen spüren.

13. Juni 1798

Sein erster Eindruck war überraschend: Cayenne? Wagner
hatte fast das Gefühl, in Deutschland zu sein, denn alle Soldaten sprachen Deutsch. Sie nahmen die Gefangenen mit
aufgepflanztem Bajonett in Empfang und waren ihnen behilflich beim Balancieren mit den wenigen Habseligkeiten
über den schmalen Steg, der zwischen der Schaluppe und
der Hafenmauer ausgelegt war. Es waren Elsässer, die hier
Dienst taten.[n]

n   Zur Garnison gehörten 150 Soldaten, die einem deutschen Bataillon aus dem
Elsaß angehört hatten. Ihnen fehlte gänzlich der jakobinische Geist. Etwas später
kamen weitere 120 anders gesinnte französische Soldaten der Italien-Armee hinzu.

An der Mole hatte sich eine Menge Schaulustiger versammelt, die erst von den Soldaten zurückgedrängt werden mußte. Eine bunte Mischung aus Weißen, Mulatten und Schwarzen. Letztere waren fast nackt, lediglich die Scham war mit einem kleinen Lappen, den sie »kalymbé« nannten, bedeckt, was den frommen Priestern zunächst sehr befremdlich vorkam. Die Europäer unter den Schaulustigen sahen blaß und ausgemergelt aus, es fand sich kaum jemand mit gesunder Gesichtsfarbe. Neugierig begafften sie die sich in ihren Lumpen elend dahinschleppenden Ankömmlinge. »Was für ein ungesundes Klima muß hier herrschen«, dachte Wagner bei sich.

Die Krankenstation wurde von Ordensschwestern betreut, die der Verfolgungen durch die Revolution entgangen waren, weil der Versuch, sie zu vertreiben, jedesmal von Soldaten verhindert worden war, die die Arbeit der barmherzigen Schwestern zu schätzen wußten. Für die Kranken in den stets überfüllten Sälen waren die sieben Schwestern ein Segen. Sie erfüllten ihre Aufgabe Tag und Nacht mit großer Hingabe. Pater Wagner empfand die Überführung ins Hospital wie eine Erlösung. Nach drei entbehrungsreichen Monaten auf dem verpesteten Gefängnisschiff, wo er geschlagen und getreten worden war, wo er im Dreck und Gestank dem Hohn der Mannschaften ausgesetzt war und die unwürdige Behandlung eines gewöhnlichen Sträflings erfahren hatte, wurden ihm jetzt Sanftmut und Freundlichkeit entgegengebracht. Die Schwestern hatten für alle Kranken frische Betten bereitet. In der Stadt hatten sie ordentliche Wäsche und Kleidung für die Deportierten gesammelt. Bei der Ankunft im Hospital wurde den Patienten eine frisch gekochte, würzig duftende Suppe gereicht. Seit ihrer Verhaftung waren die Priester nicht mehr so gut versorgt worden, und selten hatte ihnen etwas so gut geschmeckt wie die erste nahrhafte Suppe bei den Schwestern im Hospital von Cayenne.

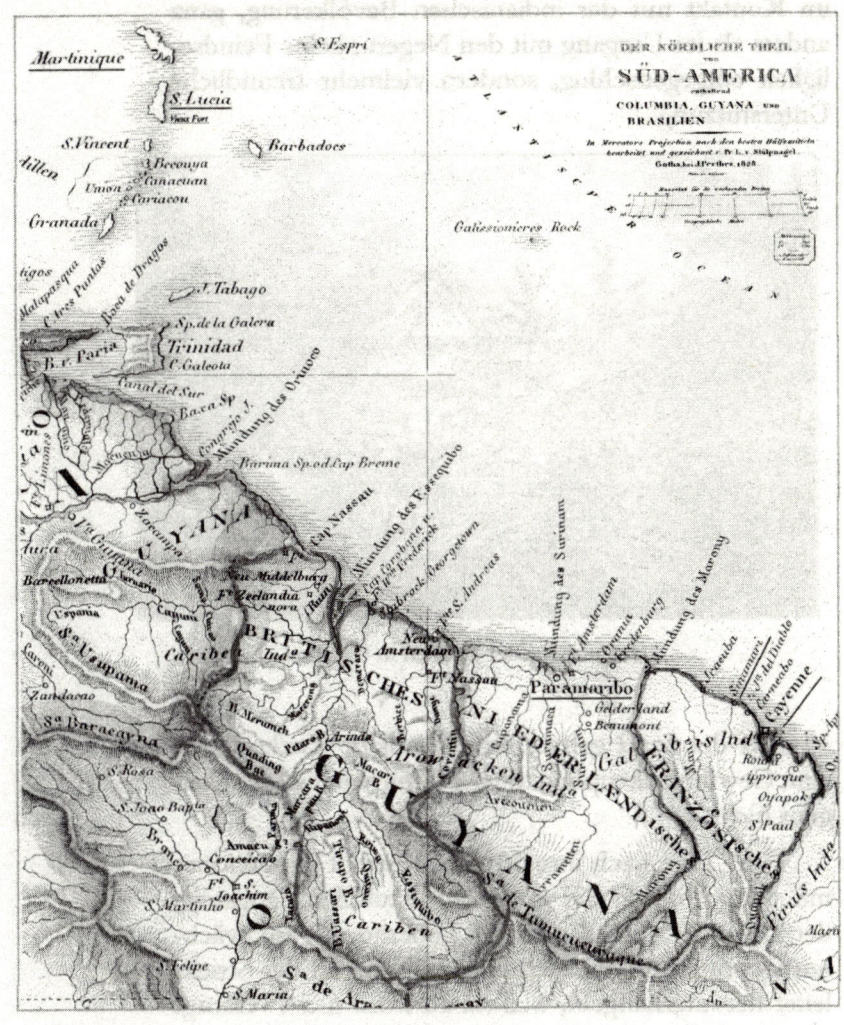

Einer der von Skorbut gezeichneten Patienten notierte
später:

*»Ich kann nicht mit Worten ausdrücken, und nur wer meh-
rere Monate mit uns auf der Décade gelebt hätte, könnte ganz
erfassen, was für eine Wohltat es war, reine Wäsche anzuziehen,
von Ungeziefer frei zu sein, ordentlich und bequem gebettet in
einem hellen, luftigen Zimmer zu liegen, kräftige und reinlich
zubereitete Speisen zu erhalten, freundliche Gesichter um sich*

zu sehen, überhaupt einmal wieder etwas wie Behaglichkeit zu empfinden.«

Zu den Kranken, die in das Hospital eingeliefert worden waren, zählte auch Wagners Tischnachbar von der »Décade«, ein übler Geselle. Das auffallend große Paket, das er bei der Einlieferung bei sich trug, wurde von den Soldaten geöffnet und der Inhalt kontrolliert. Dabei kam eine Menge Diebesgut zutage, das er auf der Überfahrt anderen Deportierten gestohlen hatte. Wagners Hoffnung, nun einige Dinge wiederzufinden, die ihm unterwegs abhanden gekommen waren, wurde aber enttäuscht. Offensichtlich hatte der Sträfling seine eigene Gruppe verschont und sie uneigennützig seinen Kollegen zur Ausplünderung überlassen, ein schönes Beispiel von Ganovenehre.

Während seines Aufenthaltes im Hospital erfuhr Pater Wagner durch die Schwestern und Patienten, die schon länger hier lebten, einiges über seine neue »Heimat«. Von Juni bis November sei die Hitze unerträglich, es gebe keinen Regen, und die Bevölkerung leide unter dem Wassermangel. Dagegen regne es von November bis Juni unaufhörlich in Strömen bei unverändert tropischer Hitze. Die Tage und Nächte seien das ganze Jahr über fast gleich lang, und der Sonnenauf- und untergang gehe so schnell vor sich, daß es fast keine Dämmerung gebe. Morgens um sechs gehe die Sonne auf, während des ganzen Jahres verschiebe sich diese Zeit höchstens um eine halbe Stunde. In der Regenzeit gehe das flache Land in einen schlammigen Morast über. Es sei die Jahreszeit der gefährlichen, bösartigen Fieber.

Pater Wagner, der immer noch kaum Französisch verstand, war sehr froh, hier eine Schwester zu finden, eine Elsässerin, mit der er sich in seiner Muttersprache unterhalten konnte. Sie machte ihn vertraut mit den Gefahren, die in diesem tropischen Klima auf die Deportierten lauerten. Sie erzählte ihm von gefährlichen Insekten, von Sandflöhen, nicht viel größer als ein Sandkorn, die in die Poren der Haut eindrängen, dort ihre Eier ablegten und heftigen Schmerz verursachten. Auch der Stich der Moskitos sei schmerzhaft.

Besonders in der Zeit gleich nach Sonnenuntergang fielen sie in Myriaden ein, so daß man sich ihrer gar nicht erwehren könne. Sie berichtete auch von einer anderen Art größerer Stechmücken, man nenne sie auch Singmücken, weil sie sich Mensch und Tier mit einem singenden Klang näherten. Mit ihrem Rüssel saugten sie das Blut ihrer Opfer, wobei sie einen giftigen Saft hinterließen, der häßliche Geschwüre verursache. Nicht minder gefährlich seien die riesigen Fledermäuse, die sich bei Nacht sachte an Menschen und Tiere machten, ihnen das Blut aussaugten und dabei ständig mit den Flügeln fächelten, um die Schlafenden nicht zu wecken. Damit aber nicht genug! Außer diesen Blutsaugern lauerten vielfältige Gefahren auf die Menschen durch Kaimane, Skorpione, Kröten und fast alle Arten von giftigen Schlangen. Tiger gebe es häufig, aber sie griffen die Menschen angeblich nicht an. Die Affen, die den Urwald bevölkerten, seien sehr scheu. Schließlich die Warnung, daß es im Meer und in den Flüssen von Haifischen, Muränen und anderen gefährlichen Tieren wimmele, so daß es unmöglich sei, irgendwo zu baden. Wer sich aber in diesem Land noch ein wenig Sinn für die Schönheiten der Natur erhalten habe, könne die farbenprächtigen Vögel, vor allem Kolibris und alle Arten von Papageien, bewundern.

Nach zehn Tagen war Wagner wieder soweit genesen, daß er das Hospital, diesen Ort der Glückseligkeit, verlassen mußte. Er wurde zu seinen Mitbrüdern geführt, die inzwischen im Gefängnis untergebracht worden waren.

Das Gefängnis war ein großes, halb verfallenes Haus mit vielen Fenstern ohne Scheiben, so daß bei der tropischen Hitze etwas Luft durch die Räume streichen konnte, ein Palast im Vergleich zum Zwischendeck der »Décade«. Die Gefängniswärter waren Schwarze, barfuß, mit ausgetretenen Plattfüßen. Sie trugen weiße, lange, weite Hosen und darüber ein weißes Hemd, das bis zum Knie reichte. Bei der Einlieferung wurden die Gefangenen registriert. Ihre

Namen wurden sorgfältig in Listen eingetragen, sie wurden gewogen wie bei der Musterung der Soldaten. Sie erhielten täglich die militärische Ration, nämlich zwei Pfund Brot und ½ Pfund gesalzenes Fleisch. Außerdem konnten sie sich gegen Bezahlung noch zusätzlich Dinge des täglichen Bedarfs aus der Stadt mitbringen lassen.

Bei der Bewachung ließen die Behörden einige Mühe walten. Zweimal täglich wurde ein Appell abgehalten mit der Verlesung der Namen aller Gefangenen. Anschließend durften sie sich unter der Aufsicht von mit Gewehren bewaffneten Schwarzen eine Weile in einem engen Hof aufhalten. Wenn sie gelegentlich durch die Straßen von Cayenne geführt wurden, war es ihnen strengstens untersagt, in Kontakt zu der einheimischen Bevölkerung zu treten.

Ungeachtet der strengen Maßregeln der Kolonialverwaltung, versuchten die Einwohner, besonders die dort ansässigen Europäer, den Deportierten in jeder Weise zu helfen. Sie versorgten die Priester so gut sie konnten mit allem Lebensnotwendigen wie Kleidung, Nahrung und etwas Geld. Unter den Wohltätern tat sich ganz besonders eine Frau aus Landau mit Namen Lesser hervor. Sie nähte unermüdlich Kleidungsstücke, die den Gefangenen bei dem extremen Klima unentbehrlich waren.

Es war nicht vorgesehen, die Deportierten für längere Zeit im Gefängnis einzusperren. Vielmehr sollten sie, wenn auch unter ständiger Bewachung, wie Kolonisten das Land bebauen und selbst für ihren Lebensunterhalt sorgen. Hierzu hatte das Direktorium folgende Instruktion für Cayenne erlassen:

Diejenigen Deportierten, welche dazu die Mittel haben, können mit Erlaubnis des Statthalters sich Ländereien erwerben oder pachten, wo sie wollen, ausgenommen in der Stadt Cayenne und deren nächster Umgebung. Sie dürfen die Erzeugnisse ihrer Ländereien verwerten und auch sonst Handel treiben. Den anderen, die über keine Mittel verfügen, soll in Couananama ein Stück Land

angewiesen werden, welches sie zu bebauen haben, um hierdurch
ihren Lebensunterhalt zu erwerben.

Daß diese »Freiheit« keineswegs eine Erleichterung für
die in der Verbannung Lebenden bedeutete, sollte sich bald
zeigen. Denjenigen, die noch etwas Geld hatten und sich
daher den Schritt in die Selbständigkeit leisten konnten,
wurden alle erdenklichen bürokratischen Schwierigkeiten
von seiten des Statthalters bereitet, wie aus folgendem Erlaß deutlich hervorgeht:

Cayenne, 30. Prairal Jahr VI   18. Mai 1798
Jeder Deportierte, der in einem vom Direktorium nicht unter-
sagten Teil der Kolonie eine Pflanzung oder einen Handel an-
legen will, ist gehalten, an die Departementsverwaltung durch
Vermittlung des Oberkommandanten eine Bittschrift einzurei-
chen, die mit einem Zeugnis vom Eigentümer des Landes oder
Hauses begleitet und einem Visum der Munizipalität des Kan-
tons, in dem der Verpächter wohnt, versehen sein muß, aus der
hervorgeht, daß der Bittsteller im Stande ist, eine Pflanzung
oder ein Haus zu mieten und hinreichende Mittel besitzt, diesel-
ben in Stand zu setzen oder einen Handel zu gründen. Die De-
partementverwaltung wird sich von der Richtigkeit des beige-
fügten Zeugnisses überzeugen und dasselbe nebst der Bittschrift
mit seinem Gutachten dem Agenten des Direktoriums zugehen
lassen, damit dieser nach Erfordernis entscheide.

Selbst wenn die bürokratischen Hürden überwunden waren, konnte von Handel in dem öden, unwegsamen und
nur dünn besiedelten Land kaum die Rede sein, zumal die
Hauptstadt, wo etwas Handel möglich war, für die in Verbannung Lebenden von dieser Regel ausgeschlossen war.
    Um das Leben der Deportierten noch weiter zu erschwe-
ren, hatte die Verwaltung gezielt das perfide Gerücht streu-
en lassen, sie seien verurteilt worden, weil sie die Sklaverei

wieder einführen wollten. Damit brachten sie die schwarze Bevölkerung, die das leidvolle Leben als Sklaven[o] noch in schrecklicher Erinnerung hatte, gegen die Sträflinge auf. Daher war es den Deportierten nicht möglich, bei ihren Vorhaben Arbeitskräfte zu finden.

Der Statthalter von Cayenne, Jeannet Oudin[p], stammte aus Arcis-sur-Aube, dem Ort, den einige Priester noch in übelster Erinnerung hatten wegen des brutalen Kerkermeisters, der die Gefangenen unter Hohn und Spott hatte exerzieren lassen. Oudin war keinen Deut besser als sein Landsmann. Er war korrupt, ein sittenloser, vergnügungssüchtiger Emporkömmling. Neben seinen Ausschweifungen lag ihm der Erwerb eines großen Vermögens am meisten am Herzen. Die Republik führte er stets im Munde, bestahl sie aber, wo er nur konnte. Wenn ein fremdes Schiff bei Cayenne gekapert wurde, nahm »Bürger Jeannet« zuerst das Geld und sonstige Wertsachen aus der Beute an sich, den Rest durften dann seine Freunde unter sich verteilen. In seiner Schamlosigkeit machte er sich einen Spaß daraus, in feucht-fröhlicher Runde mit seinen Kumpanen das Verb »stehlen« zu konjugieren: »ich stehle, du stiehlst, er stiehlt, wir stehlen ... und so weiter. Jedesmal wurde dieser Spaß mit lautem Lachen quittiert.

Auf die Priester hatte er es besonders abgesehen, sie paßten so gar nicht in sein revolutionäres Weltbild. *Es mögen sich ja viele ordentliche Leute unter ihnen befinden, als Privatmann habe ich nichts gegen sie, aber als Stellvertreter des Direktoriums, das sie zur Strafe und nicht zum Vergnügen hierher geschickt hat, darf ich sie nicht schonen*, pflegte er zu sagen.

---

o Die Sklaverei wurde auf Beschluß des Direktoriums am 4. Februar 1794 abgeschafft. 1802 wurde sie von Bonaparte wieder eingeführt.
p Jeannet Oudin (1762 – 1828) hatte sich als Kommissär des Conseil Exécutif in Thionville während der Belagerung der Stadt große Verdienste erworben und dadurch den Grundstein zu seiner politischen Karriere gelegt. Nach dem Tod Dantons, mit dem er verwandt war, floh er von Cayenne in die Vereinigten Staaten von Amerika. 1797 erhielt er seinen Posten in Cayenne zurück, wurde aber später wegen Veruntreuung und Machtmißbrauch wieder degradiert.

Counanama

Das Direktorium hatte angeordnet, die mittellosen Deportierten in Counanama, etwa 30 Meilen entfernt von Cayenne, anzusiedeln. Also wurde ein Offizier mit einer Abteilung Arbeitern beauftragt, dort Unterkünfte für die Verbannten zu errichten. Vier Pfosten wurden in den Boden gerammt, dazwischen Latten genagelt, ein paar Bretter darüber gelegt, abgeschlagene Zweige als Dach darauf geworfen, und fertig war die Hütte. Eine Hängematte war das einzige Mobiliar. Zu jeder Hütte gehörte ein kleines Grundstück. Die Siedlung war aber so unwirtlich, daß sie für die neuen Bewohner kaum eine Überlebenschance bot. Selbst Oudin soll einmal gesagt haben: *Wer sich der Sonne aussetzt und wie in Europa zu arbeiten wagt, büßt seine Unwissenheit und seinen Mut mit dem Leben.* Der ganze Kanton Counanama war nicht einen Taler wert. Als der Offizier mit seinem Arbeitstrupp nach Cayenne zurückkehrte, erklärte er: *Counanama wird das Grab der Verbannten sein. Es wäre weniger grausam, sie auf der Stelle mit einem Flintenschuß zu töten, so würden ihnen wenigstens die Leiden eines langsamen Todes erspart.*

Der erste Transport von Gefangenen mit einem Boot nach Counanama war dann auch gleich symptomatisch für die in der französischen Kolonie herrschenden Zustände. Die Überfahrt, die normalerweise in einem Tag zu bewältigen war, dauerte eine geschlagene Woche. Der Kapitän war derart betrunken, daß er den ganzen Tag an der Küste hin und her irrte und am nächsten Morgen wieder vor seinem Heimathafen auftauchte. Am nächsten Tag, nicht viel nüchterner, ein neuer Versuch. Vor Counanama setzte er das Schiff im wahrsten Sinne des Wortes in den Sand. Eingeklemmt zwischen zwei Untiefen, war das Boot nicht mehr manövrierfähig. Es dauerte fünf Tage, bis der Kahn wieder flott war. Da der Proviant nur für einen Tag kalkuliert war, kann man sich vorstellen, in welchem Zustand die

Gefangenen schließlich die letzte Strecke durch knietiefen Sumpf watend ihren Bestimmungsort erreichten.

Road near Cayenne.

»Gut ausgebaute« Straße in der Nähe von Cayenne. Etwas weiter im Landesinneren fand man nur noch schwer begehbare Pfade durch den Urwald.

Die Einschätzung durch den Offizier, der das Lager einzurichten hatte, *Counanama wird das Grab der Verbannten sein,* wurde auf grausame Weise bestätigt. Als der »Bürger Jeannet« zwei Monate, nachdem die Niederlassung bezogen war, eine Kommission nach Counanama zur Beurteilung der Lage schickte, weil die dort stationierten Soldaten dringend ihre Abberufung gefordert hatten, erhielt er folgenden Bericht:

Auf Befehl des Statthalters von Cayenne, des Bürgers Jeannet Oudin, haben die Unterzeichneten sich zur Untersuchung der dortigen Verhältnisse nach Counanama begeben und sind in der Lage, folgendes Resultat ihrer Untersuchung festzustellen: Von den 82 Verbannten, welche vor zwei Monaten dort anlangten, sind 26 bereits dem Faulfieber erlegen, 50 liegen meist schwer erkrankt im Hospital, von den anderen erfreut sich kein einziger einer vollständigen Gesundheit. Diese bedauernswerte Tatsache ist hauptsächlich drei Gründen zuzuschreiben: 1. Das Wasser in Counanama ist außerordentlich schlecht, kaum trinkbar. 2. Der Unrat des Hospizes häuft sich überall an. 3. Der ganze Ort ist in einem Umkreis von ungefähr einer halben Stunde von Sümpfen umgeben, aus denen unter den senkrechten Sonnenstrahlen eine furchtbar ungesunde Luft emporsteigt. Der Verkehr mit dem Platze ist sehr schwer zu bewerkstelligen; in der trockenen Jahreszeit kann kaum ein Boot bis dorthin vordringen, da der Fluß, an dem Counanama liegt, zu wenig Wasser führt; in der Regenzeit ist alles überschwemmt. Zu Lande bis dahin zu gelangen ist ebenfalls äußerst schwierig, da man Gefahr läuft, sich in den

Sümpfen zu verirren. Der Posten ist deshalb in großer Gefahr,
oft der nötigen Lebensmittel zu ermangeln. In der Gegend selbst
ist nichts zu haben, sie ist gänzlich unfruchtbar und öde. Sogar
die Indianer und Neger fliehen diesen Ort wegen der beständig
herrschenden Fieberluft. Diejenigen, welche dort zu leben ge-
zwungen sind, die Soldaten und die Verbannten, befinden sich in
der traurigsten Lage, die sich erdenken läßt. Ihre einzige Nah-
rung bildet das gesalzene Fleisch, welches von Cayenne geliefert
wird, in Cuonanama gedeihen nicht einmal die gewöhnlichsten
Früchte. Aus diesen Gründen halten wir es für ratsam, den mili-
tärischen Posten von Counanama nach dem vier bis fünf Meilen
entfernten Sinamary zu verlegen.«

Cayenne, 1. Brumaire Jahr VII, 22. Okt. 1798

Desveux	*Boucher*	*Chapel*
Oberkommandant	Geniecapitän	Unterverwaltungschef

Wie nicht anders zu erwarten, blieb dieser Bericht ohne
Konsequenzen. Es änderte sich nichts. Weiterhin wurden
die Deportierten, die später in Cayenne eintrafen und nicht
die Möglichkeit hatten, sich selbstständig niederzulassen,
an diesen unseligen Ort verbracht.

Während die Deportierten in Counanama dem Siech-
tum preisgegeben waren, erschienen – welch miserable Propaganda – im Mutterland Frankreich Zeitungsartikel, die
versuchten, den Eindruck zu erwecken, niemand sei benei-
denswerter als die in Verbannung Lebenden, die sich neu-
erdings frei bewegen könnten und nun »zur Strafe« reiche
Pflanzer und Kaufleute würden.

Beispielhaft hierfür ein Auszug aus dem *Journal de Paris*
vom 24. Frimaire des Jahres VII: 14. Dez. 1798
Auf Anordnung des Kommissars von Cayenne dürfen die in
Verbannung Lebenden sich untereinander versammeln, sie dür-
fen zusammenleben, sich Privathäuser mieten. Sie dürfen sich
frei bewegen. Man hat ihnen Land angewiesen, sie mit Wäsche
und Kleidern versorgt. Selbst Angelgerät hat man ihnen gege-

ben und ihnen Indianer zugeteilt, die für sie auf die Jagd gehen. Selbst wenn sie fern von zu Hause unter Heimweh leiden, kann es ihnen so schlecht doch nicht gehen.

In Wirklichkeit entbehrte diese Darstellung jeglicher Grundlage. Es war reine Propaganda, genährt von den Berichten des Statthalters an das Direktorium in Paris.

Sinamary

Ein gewisser Herr Morgenstern, ein geborener Mainzer, bot Nicolas Custer und einigen seiner Gefährten die Möglichkeit, dem sicheren Tod in Counanama zu entkommen. Gegen den moderaten Preis von 30 Franken monatlich überließ er ihnen ein bescheidenes Besitztum in Sinamary, einer kleinen Niederlassung an der Küste, fernab der Hauptstadt, nicht weit von der Landesgrenze entfernt. Von diesem Ort erhofften die Priester sich einige Vorteile gegenüber der Siedlung in Counanama. Hier konnten sie eher mit der Unterstützung durch die Einwohner rechnen. Das Wichtigste aber war der schon jetzt aufkommende Gedanke, daß eine Flucht von Sinamary aus nicht unmöglich erschien. Der Ort lag günstig am Meer, nicht weit entfernt von Surinam, und er war weniger streng bewacht.

Nachdem Herr Morgenstern den Mietvertrag unterzeichnet und alle notwendigen Papiere beim Statthalter eingereicht hatte, wurden die Priester mit einer Schaluppe abtransportiert und in Sinamary an Land gesetzt. Die Gruppe bestand aus acht Geistlichen: neben Pater Custer und Michel Wager waren es noch die Herren Havelange, Müller, Bouché, Maury, Deprès und Garnier. Die Patres Custer, Wagner und Bouché kannten sich schon seit ihrer gemeinsamen Leidenszeit, die in Metz begonnen hatte. Havelange und die anderen hatten sie erst auf dem Schiff kennen und schätzen gelernt.

Nach ihrer Ankunft richteten sie sich, so gut es ging, mit einfachsten Mitteln in ihrer neuen Behausung ein. Der größte der vorhandenen Räume wurde sorgfältig ausgekehrt, aus Zweigen und Blättern auf dem Boden die Schlafstätten eingerichtet.

Ernähren konnten sie sich anfänglich von den wild wachsenden Früchten. Vor allem Bananen, die gekocht, gebraten, geröstet oder frisch verzehrt wurden, standen auf dem Speisezettel. Hinzu kamen Orangen, Ananas, Mangos, Feigen und Kokosnüsse.

Pater Havelange war es gelungen, ein kleines Missale und ein Priesterornat bis hierher durchzuschmuggeln. So war es nach langer Zeit den Priestern erstmals wieder möglich, heimlich in einer kleinen, dunklen Kammer, die als Vorratsraum an die Küche angebaut war, die Heilige Messe zu zelebrieren. Ein Zinnbecher diente als Kelch, einem Stück Blei gaben sie durch Biegen und Hämmern annährend die Form einer Patene[q]. Hostien konnten sie selbst bereiten, und Wein war leicht zu beschaffen.

In Sinamary befand sich ein militärischer Außenposten von 25 Mann, zu deren Aufgaben auch die Bewachung der Deportierten gehörte. Die Soldaten waren umgänglich, und der Offizier schaute gelegentlich sogar zu einem Plausch bei den Priestern herein. So konnten die Neuankömmlinge sich unbehelligt an die Arbeit machen, die Felder zu bestellen und einen Nutzgarten anzulegen. Die unerträgliche Hitze tagsüber und die quälenden Moskitos, die in den umliegenden Sümpfen ideale Lebensbedingungen hatten und nachts in Myriaden blutsaugend über die Menschen herfielen, waren kaum auszuhalten. Es dauerte auch nur zehn Tage, bis die ersten an Fieber erkrankten. Erst Müller, dann Havelange und schließlich Wagner mußten in die Krankenstation von Sinamary gebracht werden.

Die Krankenunterbringung hier war in keiner Weise zu vergleichen mit dem von den Ordensschwestern so liebevoll

---

q Patene, liturgisches Gerät, flache Schale zur Aufnahme der Hostie bei der Feier der Eucharistie..

geführten Hospital in Cayenne. Von Pflege der Patienten konnte keine Rede sein. Ein Schwarzer von brutaler Gesinnung war für die Versorgung der Schwerkranken zuständig. Eine dünne Suppe, worin ein Huhn gekocht war, mußte für 20 Patienten als tägliche Ration reichen. Die Fiebernden mit ihren aufgesprungenen verkrusteten Lippen bettelten oft vergebens um einen Tropfen Wasser. Nur gegen Bezahlung ließ sich der Wärter bewegen, eine kleine Erfrischung herbeizuholen. Der Arzt kam zwar jeden Tag, aber er verfügte nicht einmal über die notwendigsten Arzneimittel und konnte an diesen himmelschreienden Umständen auch nichts ändern. Ein paar Lanzetten zum Öffnen der Geschwüre und ein Klistier, dazu ein Brechmittel und ein wenig Opium war alles, was ihm zur Verfügung stand.

Dabei litten die unterernährten Patienten, die kaum Widerstandskraft hatten, unter den schwersten Krankheiten. Die Malaria war verbreitet. Schwindsucht, Wundstarrkrampf und das schreckliche Gelbfieber kamen hinzu!

Pater Havelange war der erste, der nach kurzer Zeit dem tückischen Fieber erlag. Seine Haut war am Ende dunkelgelb, blutunterlaufen, tagelang hatte er sich übergeben müssen, eine kaffeesatzähnliche braun-schwarze Flüssigkeit. Schließlich schied er keinen Urin mehr aus und verfiel in ein Delirium, aus dem er nicht mehr erwachte. Pater Wagner, halb ohnmächtig in einem Dämmerzustand, erkannte gerade noch, wie sein verstorbener Mitbruder von zwei Schwarzen gepackt und hinausgeschleppt wurde, dann verfiel auch er in einen tiefen Schlaf. Das nächste, was er wahrnahm, war, daß ein Wärter auch seinen Nachbarn Pater Müller hinaustrug. Dann fiel er in eine tiefe Bewußtlosigkeit, die etwa 14 Tage dauerte. Zweimal wollten die »Sanitäter« ihn in dieser Zeit schon zur Grube schleppen, aber als sie merkten, daß noch Leben in ihm war, ließen sie ihn liegen.

Wie schlimm es an diesem Ort zuging, läßt sich ablesen an einem Brief, den der Kommandant von Sinamary, Monsieur Freytag, an den Statthalter in Cayenne schrieb:

Die Beamten, die Soldaten, die Verbannten in Sinamary befinden sich in einer ganz entsetzlichen Lage. Wir alle sind krank, mehrere am Sterben. Wir leiden Mangel an allem, selbst an den notwendigsten Arzneimitteln. Die Verbannten haben ganz schmale Hängematten von höchstens vier Fuß Länge. Die Kranken fallen in den Fieberanfällen regelmäßig heraus und bleiben stundenlang auf dem Boden liegen. An manchen Tagen sterben ihrer drei bis vier. Neulich ist einer beim Herausfallen an den Stricken hängen geblieben und erwürgt aufgefunden worden. Bei dem Begraben der Deportierten lassen sich die Neger unerhörte Scheußlichkeiten zuschulden kommen. Sie werfen in der Eile ein Loch aus, das oft viel zu schmal und klein ist; wenn der Leichnam nicht hineinpaßt, brechen sie ihm die Beine und stampfen auf ihm herum, um ihn hineinzupressen. Und dies geschieht, damit sie nur nicht zu spät kommen, um die vielleicht unterdessen Gestorbenen zu berauben, denn das betrachten sie als einen Hauptteil ihrer Einnahmen. Die Kranken werden von ihnen auf die gemeinste Weise mißhandelt, mit Schimpf und Schmähungen überhäuft, oft sogar dann noch, wenn der Todeskampf bereits eingetreten ist. Dabei ist die Unreinlichkeit im Hospital geradezu schauderhaft, es ist nichts als eine Höhle des Schmutzes und Ungeziefers.

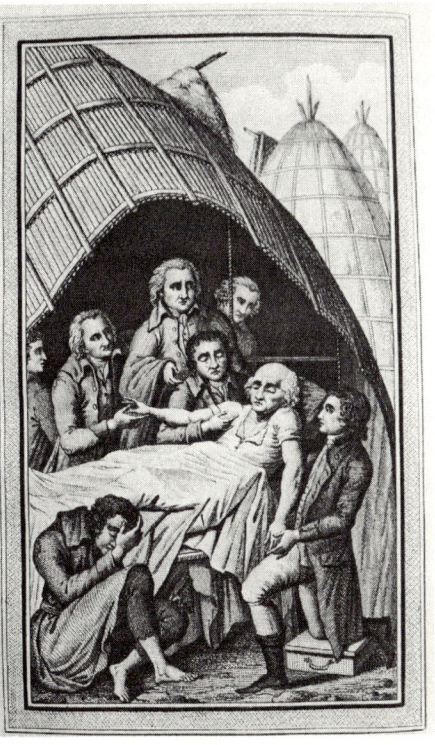

Schwerkranker Priester vor seiner Hütte in Sinamary

Als Wagner nach drei Monaten, einigermaßen genesen, das Hospital verlassen konnte, mußte er erfahren, daß zwischenzeitlich auch sein Mitbruder Deprès an den Folgen der Seuche verstorben war. So blieben nur noch er und die

Patres Custer, Bouché, Maury und Garnier übrig, um ihr neu erworbenes Land zu bewirtschaften.

Sorge machte sich der Pater, weil der Krankenhausaufenthalt seine gesamte Barschaft aufgezehrt hatte und er nicht wußte, wie es ohne jegliche Geldmittel weitergehen sollte. Nun kam ihm aber zugute, daß die Priester testamentarisch festgelegt hatten, daß beim Tode eines von ihnen, das, was er noch an Geld hinterließ, unter den Überlebenden aufgeteilt werden sollte. Ohne dieses Aktenstück wäre seine Hinterlassenschaft in Jeannets Taschen geflossen. Auf diese Weise waren noch genügend Mittel vorhanden, um für einige Monate zu überleben, vor allem aber, um sie in das Vorhaben der Flucht zu investieren.

In der Bildmitte Beerdigungsszene:
Schwarze stampfen mit den Füßen die Leichen in viel zu kleine Gruben. Links die trauernden Deportierten, während rechts zur gleichen Zeit Soldaten mit einheimischen Frauen tanzen.

Inzwischen war Oudin als Statthalter abgelöst worden durch den Bürger Bournel, einen üblen Burschen aus Rennes, der seinen Vorgänger an Grausamkeit noch weit übertraf. Er war höchst aufbrausend, unwissend, stolz, habgierig, launisch und inkonsequent. Am nächsten Tag widerrief er, was er tags zuvor angekündigt hatte. Zwar schwärmte er für die neue Errungenschaft der »Gleichheit«, aber wehe, wenn ihm jemand nicht mit der gebotenen Unterwürfigkeit entgegentrat. Was die Deportierten anging, wollte er im Gegensatz zu Oudins »lascher Haltung« andere Saiten aufziehen. In einer seiner zahlreichen Proklamationen erklärte er:

Ihr nichtswürdigen Royalisten, die Ihr zur Strafe für Eure Umtriebe in die Verbannung geschickt worden seid, Ihr Feinde der Republik, die sich genötigt sah, Euch aus der Mitte der redlichen Bürger auszustoßen, Ihr habt als Verächter der Gesetze und erklärte Feinde der Obrigkeit keine Schonung mehr zu erwarten.

Arbeiten oder Sterben! war sein Motto

Wie alle Revolutionäre hatte Bournel eine tiefe Abneigung gegen alles Religiöse, deshalb war es ihm ein besonderer Dorn im Auge, daß die Priester, die er nur als »Pack« bezeichnete, so freundlich von der Bevölkerung aufgenommen und in jeder Hinsicht unterstützt wurden.

Auch dazu gab es einen öffentlichen Erlaß:

Die unter Euch, welche sich erdreisten, mit den Feinden der Republik gemeinsame Sache zu machen, welche dieselben beschützen und in ihren schlechten Absichten unterstützen, mögen wissen, daß ich sie alle ganz genau kenne, und daß ich sie persönlich verantwortlich mache für alles, was ihre Schützlinge unternehmen. Unter meiner gerechten Regierung sollen nur die braven Bürger sich der Ruhe erfreuen, die anderen werden stets das Schwert über sich aufgehängt sehen.

Die guten Beziehungen zwischen den deportierten Priestern und einzelnen Kolonisten wurden dadurch natürlich nicht gestört, aber es war jetzt noch mehr Vorsicht geboten.

Es muß als Ironie des Schicksals gelten, daß Bournels Frau, eine Apothekertochter, die ihr erstes Kind erwartete, darauf bestand, kirchlich getraut zu werden, und zwar nicht vom konstitutionellen Stadtpfarrer, sondern von einem Priester, der den Eid nicht geschworen hatte. Schließlich mußte Bournel dem Wunsch seiner Frau nachgeben, und er sah sich gezwungen, heimlich einen deportierten Priester kommen zu lassen, um vor ihm kniend den Segen für seine Ehe zu empfangen. Das hielt ihn aber nicht davon ab, einen anderen Priester, der gleichfalls heimlich eine Ehe eingesegnet hatte, für drei Monate ins Gefängnis sperren zu lassen.

12. Mai 1799 An Pfingsten gelang zwölf belgischen Priestern die Flucht aus Sinamary. Sie hatten sich ein großes Boot gekauft und einen erfahrenen Seemann angeworben, der sie aus dem Land des Elends herausführte. Bournel gab sich gelassen und ließ dazu in seiner zynischen Art verlauten: *Ach, welcher Verlust ist es für Cayenne, daß die zwölf wiedererstandenen Apostel uns ihres Evangeliums nicht für würdig halten und anderen Völkern diese Wohltat zuteil werden lassen.* Innerlich aber kochte er vor Wut. Die verbliebenen Deportierten sollten das bald zu spüren bekommen. Der Kommandant Freytag, der sein Amt immer mit Verantwortungsgefühl und einer gewissen Menschlichkeit versehen hatte, gehörte zu den »üblichen Verdächtigen« und wurde abberufen. An seine Stelle trat ein gewisser Bürger Frey, ein Mensch, der selbst seinen Chef noch an Grausamkeit übertraf.

Eines Tages gab es eine große Aufregung. Die Wachmannschaften hatten nicht weit von der Küste entfernt ein englisches Kriegsschiff ausgemacht. Nach dieser Meldung geriet Kommandant Frey in Panik, denn etwa vier Meilen vor der Küste hatten die Engländer sich bereits auf einer kleinen Felseninsel, dem sogenannten Dreiteufelsberg, festgesetzt. Bournel hatte hier mit mächtigem finanziellen Aufwand eine befestigte Anlage errichten lassen, die als Warenlager für die Beute aus den gekaperten Schiffen dienen sollte. Frey sah nun das Vaterland in höchster Gefahr und meldete sofort in die Hauptstadt: *Ein englisches Kriegsschiff hat sich vor Sinamary blicken lassen. Es ist wahrscheinlich, daß die Engländer den Plan haben, Cayenne anzugreifen.* Die Bürger des Kantons Sinamary ließ er zusammenkommen und hielt ihnen eine patriotische Rede: *Bürger der großen Republik, wir müssen kämpfen für unser teures Vaterland! Seid Ihr Franzosen, so zeigt Euch dieses Namens würdig, indem ihr die*

Feinde mit Heldenmut empfangt, der unserer erhabenen Nation
angeboren ist!

Bournel, wohl wissend, daß das Auftauchen einer feind- 1. Oktober 1799
lichen Fregatte keine Besonderheit war, kam diese Meldung
gerade recht. Hatte er doch nun einen Vorwand, noch härter
gegen seine Untertanen und insbesondere die Deportierten
vorzugehen. Er erließ sofort eine Proklamation:

1. *Die Kolonie Cayenne ist in Belagerungszustand versetzt.*
2. *Alle Einwohner, alle Lebensmittel, alles Privateigentum*
   der Kolonie stehen von nun an bis auf weiteres der Re-
   gierung zur Verfügung, behufs Verteidigung des schwer
   bedrohten Vaterlandes.

Der Terror kannte nun keine Grenzen mehr. Um seine
Macht zu festigen, ließ Bournel alle Schwarzen von den
verschiedenen Privatbesitzungen nach Cayenne einberufen
und sie zu einer Art Leibgarde für sich zusammenstellen.
Den Einwohnern war es strengstens verboten, ein Stück
Vieh ohne Erlaubnis der Obrigkeit zu schlachten. Der Lö-
wenanteil mußte ohnehin an die Regierung abgeliefert werden. Niemand war mehr seines Lebens sicher.

Der Deportierten wollte Bournel sich jetzt ein für alle
Mal entledigen. Für dieses Ziel hatte er einen besonders
heimtückischen Plan ersonnen. An den Posten in Sinamary
erging der Befehl, die Deportierten von dort nach Cayenne
zu bringen. Soldaten mit geladenen Gewehren sollten den
Zug begleiten und jeden, der zurückbleibe oder zu langsam
gehe, auf der Stelle erschießen. *Denn alle Deportierten sind*
mir als anerkannte Royalisten aufs höchste verdächtig. Es ist
vorauszusehen, daß sie unter dem Vorwand von Schwäche oder
Ermattung ihre Schritte verzögern und sich dann unbemerkt
entfernen wollen, um mit unseren Feinden gemeinsame Sache
zu machen und uns alle durch Verrat ins Verderben zu stürzen.
Um ganz sicher zu gehen, daß es bei diesem Marsch keine
Überlebenden geben würde, ordnete er an, nicht den gewohnten Weg zu benutzen, wo wenigstens von Zeit zu Zeit
ein paar verfallene Hütten Gelegenheit zur Rast geboten

hätten, sondern einen Umweg durch eine wüste, wasserlose Gegend zu wählen, in der es keine menschliche Wohnung und somit auch keine Augenzeugen dieses Verbrechens gab. So war Bournel sich sicher, daß auch nicht einer der Verurteilten lebend Cayenne erreichen würde.

Um später seine Hände in Unschuld waschen zu können, um den fürsorglichen Statthalter zu spielen, sandte er am nächsten Tag den Befehl nach Sinamary, die Evakuierung wegen der zu großen Gefahr abzubrechen, er war sich nämlich sicher, daß diese neue Order den Posten zu spät erreichen würde und bis dahin keiner der ohnehin geschwächten und kranken Gefangenen mehr am Leben sein würde.

Nun hatte Bournel seine Rechnung ohne den Wirt gemacht. Der »Wirt« in der Person des Kommandanten Frey hatte sich nämlich nach Eingang des Befehls zum Abtransport Zeit gelassen. Er gedachte, gemeinsam mit einigen Kumpanen, den Abschied von Sinamary noch durch ein Trinkgelage mit den beschlagnahmten Spirituosen zu versüßen. Er war noch nicht ganz nüchtern, als am nächsten Tag der Befehl kam, die Aktion abzubrechen. Und an den letzten Befehl mußte er sich schließlich halten.

So scheint es wie ein Wunder – Wagner spricht in seinem Tagebuch von »Vorsehung« – daß die deportierten Priester noch einmal mit dem Leben davonkamen und in Sinamary bleiben konnten.

Infolge der Tyrannei kam es zu einem allgemeinen Aufstand in der Kolonie. Schließlich wurde der Statthalter in seiner Wohnung von aufgebrachten Bürgern überwältigt. Er wurde auf ein Schiff gesetzt und unter Begleitung mehrerer angesehener Bewohner von Cayenne, die eine Anklageschrift gegen ihn vorbereitet hatten, nach Frankreich transportiert. Monsieur Francony, einer der reichsten und angesehensten Bewohner der Stadt, wurde zum provisorischen Statthalter gewählt. Er war ein edler und gerechter Mann. Seine Verwaltung war klug und sparsam. Die Einwohner konnten unter ihm wieder aufatmen. Wenn das Los der Verbannten keine wesentliche Verbesserung erfuhr, dann nur wegen der Kürze der Zeit und des desolaten Zustandes der Kolonie nach einer so langen Mißwirtschaft.

Bournels Nachfolger, Pläne zur Flucht

In den ersten Januartagen des Jahres 1800 traf der neuernannte Statthalter in Cayenne ein. Sein Name alleine genügte, um die Kolonisten mit Schauder und Angst zu erfüllen. Es war Victor Hugues[r], der »Robespierre von Guadeloupe«, wie man ihn nannte. Dort hatte er nämlich Tausende von Unschuldigen hinrichten lassen und ihr Vermögen an sich gezogen.

Victor Hugues, Statthalter von Cayenne

Erstaunlicherweise zeigte er sich in Cayenne recht besonnen, hatte sein häßliches Gesicht abgelegt. Er richtete die Verwaltung sparsam ein, ließ jedem das Seine, ja, er tilgte sogar die Schulden, die Bournel der Regierungskasse hinterlassen hatte. Nun fiel ihm das aber nicht schwer, denn er war vielfacher Millionär seit seiner Zeit in Guadeloupe, und er rühmte sich nicht ohne Grund, mehr Geld zu besitzen als alle Kolonisten in Cayenne zusammen.

Wer glaubte, dieser Sinneswandel habe etwas zu tun mit seiner Heirat, mit dem Einfluß seiner sanftmütigen Ehefrau, der irrte. Vielmehr war es eine rein politische Notwendigkeit. Im Mutterland hatte nämlich Napoléon Bonaparte für folgenschwere Umwälzungen gesorgt, als er das Direktorium auseinandergejagt und sich selbst zum ersten Konsul mit uneingeschränkter Macht ernannt hatte. Seine Politik unterschied sich ganz wesentlich von der des Direktoriums, und somit mußte es auch in den Kolonien zu einem Umschwung kommen. Um seinen Posten behalten zu können, mußte sich Hugues der neuen Zeit anpassen.

---

r Victor Hugues, um 1770 in Marseille geboren, war Vorsitzender des Revolutionstribunals in Rochefort, bevor er zum Statthalter von Guadeloupe ernannt wurde. Dort tat er sich durch besondere Grausamkeit hervor.

Das neue System kam allen Bewohnern von Cayenne zugute – abgesehen von den Deportierten. Sie wurden zwar nicht mehr mit der Erbitterung verfolgt wie unter Oudin und Bournel, aber es geschah auch nichts zur Verbesserung ihrer Lage. Die Hoffnung auf eine Amnestie erwies sich als trügerisch. Wochenlang hatten die Priester vergeblich gehofft, man würde ihnen die Rückkehr in ihre Heimat gestatten. Jetzt war es also an der Zeit, ernsthaft an die Flucht zu denken, zumal es kürzlich wieder einer Gruppe von Gefährten gelungen war, der Sträflingskolonie zu entkommen.

Nicolas Custer besaß noch fünf Louis d'or, sein Freund Wagner hatte ungefähr noch ebensoviel. Eile war also geboten, denn die Barschaft hätte bestenfalls noch für ein halbes Jahr zum Lebensunterhalt gereicht. Verdienstmöglichkeiten hatten sie in Sinamary nicht und mit Spenden war nicht zu rechnen.

Pater Marduel, ein Augustiner aus der Diözese Lyon, der sich schon vor längerer Zeit in Sinamary niedergelassen hatte, ahnte wahrscheinlich das Geheimnis seiner Mitbrüder und offenbarte den beiden, auch er sei mit Fluchtgedanken beschäftigt. Also kam man überein, sobald als möglich das Wagnis gemeinsam zu unternehmen.

Wenige Tage vor der geplanten Abfahrt meldete sich bei ihnen ein Mann namens Brochier, dem die heimlichen Vorbereitungen zur Flucht nicht entgangen waren. Er berichtete, in Diensten eines bourbonischen Prinzen gestanden zu haben, bis er wegen Emigrationsversuches zur Deportation verurteilt worden sei. Er bat nun inständig, ihn doch mitzunehmen, er sei noch bei recht guter Gesundheit und besitze außerdem Erfahrung in der Führung eines Bootes. Schließlich willigten die Priester ein, ihn mitzunehmen, obwohl sie ihn kaum kannten, aber wohl auch mit dem Gedanken, daß eine zusätzliche kräftige Hand bei ihrem Unternehmen nicht schaden könne.

Ziel konnte nur Surinam sein, das nächste nicht-französische Gebiet, das nur über das offene Meer zu erreichen war. Gerne hätten sie sich einem erfahrenen Schiffsführer anvertraut, ein solcher war aber nicht zu finden. Also verlegten sie sich darauf, ein geeignetes seetüchtiges Boot zu suchen, das sie dann selbst steuern wollten. Bald fanden sie einen Mann namens Jobert, der ihnen eine Schaluppe überlassen wollte. Das Boot stammte von einer amerikanischen Fregatte, die hier vor einigen Jahren gekapert worden war. Jobert hatte es irgendwie in seinen Besitz gebracht und in einer kleinen Bucht an der Mündung des Sinamary-Flusses versteckt. Benutzen konnte er es in der Öffentlichkeit nicht, so war er froh, daß er es für immerhin vier Louis d'or an die Priester verkaufen konnte. Die Größe war ausreichend, aber es mußte noch hergerichtet werden, denn es befand sich in einem desolaten Zustand, Wasser drang von allen Seiten ein.

Jobert versprach, das Boot in Ordnung zu bringen, und der Zeitpunkt, zu dem es übernommen werden sollte, wurde festgesetzt. Am Morgen des zur Flucht bestimmten Tages kam er in die Siedlung nach Sinamary, sagte, alles sei bereit, und die Priester bezahlten ihm die vereinbarte Summe.

7. Auf der Flucht

Endlich war es soweit. Seit Wochen hatten die drei Priester an nichts anderes mehr gedacht als der Hölle von Sinamary den Rücken zu kehren. In aller Stille hatten sie die Flucht sorgfältig geplant und vorbereitet, die notwendige Ausrüstung heimlich zusammengetragen und Vorräte in ausreichender Menge gesammelt. Jobert würde wohl sein Versprechen gehalten und seinen Beitrag zur »Entweichung« geleistet haben. Heute, es war der 19. Juni 1800, sollte es 19. Juni 1800 nun wirklich losgehen. Die See würde zu dieser Zeit vermutlich ruhig sein, und der Neumond würde für den Schutz der Dunkelheit sorgen. Man wollte das von England besetzte Surinam erreichen, immerhin eine Strecke von 80 Seemeilen. Hier sollten günstige Bedingungen für die Landung herrschen.

Als alle Vorbereitungen getroffen waren, verbrachten sie den letzten Tag in innerer Anspannung, waren aber sehr darauf bedacht, sich nichts anmerken zu lassen. Während des Tages packten sie alle nötigen Nahrungsmittel zusammen. Gegen die Seekrankheit hatten sie vorsorglich bei Madame Lesser in Cayenne einen Vorrat an Cassia[s] erbeten, der aber nicht rechtzeitig in Sinamary ankam. Den ganzen Tag über kochten sie gesalzenes Rindfleisch als haltbaren Proviant. Gegen teures Geld kauften sie in Sinamary noch eine Flasche Cassia, denn mit der Seekrankheit mußten sie rechnen.

Wie gewöhnlich fanden sie sich um 18 Uhr auf dem Platz vor der Kirche ein, die inzwischen als Magazin diente. Sie wollten ja nicht den geringsten Verdacht erwecken. Dort ging man allabendlich für etwa zwei Stunden an der frischen

---

s Cassia, Agavenschnaps, angeblich gut gegen die Seekrankheit.

Luft spazieren. Es trafen sich dort die Deportierten ebenso wie die Soldaten der Garnison und die meisten Bürger zum Plaudern. Nach Sonnenuntergang – die Leute hatten sich inzwischen alle nach Hause begeben und zur Ruhe gelegt – begannen sie, ohne viel Geräusche zu machen, im Schutze der Dunkelheit ihre Vorräte zu dem Kahn zu schleppen, den Jobert am Ufer des Flüßchens bei Sinamary für sie bereitgestellt hatte, um zu der flußabwärts an der Küste liegenden Schaluppe zu gelangen. Um außer Sichtweite des Dorfes zu bleiben, um nicht schon gleich beim Aufbruch von den Wachen gestellt zu werden, hatten sie einen Trampelpfad durch den dichten Tropenwald gewählt, der sicherer war, aber einen deutlichen Umweg bedeutete. Fast eine Stunde tasteten sie sich schwer bepackt auf regennassem Pfad durch die Dunkelheit, bis sie unter einem Busch versteckt schemenhaft die Konturen des kleinen Kahns ausmachen konnten, der wie vereinbart am Ufer des Sinamary-Flusses festgemacht war. Dann gingen sie zurück, um die übrigen Lebensmittel zu holen.

Zweimal waren sie nun den Weg zum Kahn mit ihrem Proviant geschlichen. In ihrer Hütte hatten sie noch eine Flasche Wein, einige Wäsche und mehrere Dutzend Eier. Aber das Risiko, den Schleichweg ein drittes Mal zu gehen und eventuell doch noch aufzufallen, wollten sie nicht eingehen, so daß sie sich nach kurzem Bedenken entschlossen, diese Schätze zurückzulassen. Inzwischen war auch der vierte Flüchtling, Brochier, im Schutze der Dunkelheit zu ihnen gestoßen. Sie füllten drei große Kalebassen[t] mit genießbarem Flußwasser und bestiegen eiligst den Kahn. In der Aufregung und bei der gebotenen Eile vergaßen sie, den mit gesalzenem Rindfleisch gefüllten Kessel mitzunehmen.

Fast geräuschlos ließen sie den Kahn flußabwärts treiben, bis sie gegen Mitternacht an der vereinbarten Stelle bei Joberts Hütte ankamen. Sie wußten, daß ganz in der Nähe der Flußmündung ein Wachtposten mit drei Mann stationiert

---

t Kalebasse, aus den wasserdichten Fruchtschalen des Flaschenkürbis hergestelltes, bauchiges Gefäß mit langem Hals.

war. Äußerste Vorsicht war also geboten. Alles war ruhig, dunkel, die Hütte, in der sie in den letzten Wochen vorsorglich schon einigen Proviant untergebracht hatten, war verriegelt, die Schaluppe fanden sie zwar, wie versprochen, vertäut am Ufer, aber, in welch einem Zustand! Nur zwei Bänke aus morschem Holz hatte der Halunke Jobert, dem sie so viel Geld bezahlt hatten, notdürftig mit wenigen Nägeln angebracht. Was aber am schlimmsten war: es fanden sich weder Steuerruder, Paddel noch ein Segel. Waren sie betrogen worden?

Nach intensiver Suche rund um das Haus fanden sie schließlich unter allerlei Gerümpel ein paar Ruder und ein abgenutztes Stück Segeltuch, das sie so gut es ging am Mast der Schaluppe befestigten. Die Unzuverlässigkeit Joberts bereitete also gleich am Anfang der Flucht erhebliche Schwierigkeiten. Es half nichts. Jetzt gab es kein Zurück mehr. Eile war geboten. Überstürzt bestiegen die vier Männer die Schaluppe und vergaßen vor lauter Aufregung wie schon zuvor einige wichtige Teile ihres Proviants an Land. Jobert hatte sicher seine helle Freude daran.

Ganz vorsichtig legten sie vom Land ab und fuhren mit wenigen schwachen Ruderschlägen, um nur keine Geräusche zu verursachen – am anderen Ufer war ja der Wachtposten mit drei Soldaten stationiert - durch das seichte, ruhige Wasser in Richtung offenes Meer. Die beginnende Ebbe begünstigte sie dabei, sich möglichst rasch von der Küste zu entfernen.

Der erste Schritt war getan. Das nun aufkommende Gefühl, auf dem Weg in die Freiheit zu sein, gab den Flüchtlingen Zuversicht und Mut. Als die nächtlichen Geräusche des Urwaldes immer leiser wurden und schließlich in der Stille der Nacht kaum noch zu vernehmen waren und keine Gefahr der Entdeckung durch die Wachtposten an Land mehr bestand, legten sie sich mächtig ins Zeug und ruderten mit hoher Schlagzahl hinaus in die Dunkelheit der Karibischen See. Bald begann die Schaluppe in den Wellen des offenen Meeres zu schwanken, und die ersten Symptome der Seekrankheit ließen sich nicht unterdrücken. Auch ein guter Schluck Cassia linderte die Beschwerden nicht. Einer nach dem anderen, einschließlich Steuermann Brochier, mußte sich übergeben und konnte sich schließlich nicht mehr auf den Beinen halten. Bald lagen alle Vier, mit dem Übel der Seekrankheit kämpfend, unfähig, irgend etwas zu tun, hilflos auf den Planken ihrer Schaluppe. Über Stunden war das Boot mit dem nur notdürftig befestigten, im Winde flatternden Segel ohne Führung den Wellen ausgesetzt.

Als der Tag anbrach, ging es der Mannschaft etwas besser. Die nun über wolkenlosem Himmel strahlende Sonne machte den erschöpften Männern neuen Mut. Die Küste war nicht mehr zu sehen. Brochier richtete das Segel so aus, daß die Schaluppe mit kräftiger Unterstützung der Ruderer sich langsam in nord-westliche Richtung bewegte. Die Sonne in ihrem Rücken war die einzige Navigationshilfe. Von Zeit zu Zeit wurde die schwankende Schaluppe auf den Kamm einer sich auftürmenden Welle getragen, und dann wurde für einen Moment ein am Horizont im Dunst liegender Berggipfel sichtbar. Da die Männer nicht wußten, wohin das Boot in der Nacht getrieben war, waren sie jetzt höchst erfreut, wieder Land in Sicht zu haben. Sie steuerten also auf die Berge zu, um ihre Fahrt im Schutz der Küste fortzusetzen. Als sie sich langsam der Küste näherten und das vor ihnen liegende Gebirge zunehmend an Kontur gewann, überkam sie erst ein unheimliches Gefühl und dann schreckliche Gewißheit. Es waren die Berge von Sinamary, auf die sie zusteuerten! Alle Mühen und Anstrengungen hatten nur gereicht, um sie aufs Meer hinaus und jetzt wieder zu ihrem Ausgangspunkt zurückzuführen. Sicher war ihr Entkommen inzwischen bemerkt, waren Suchtrupps alarmiert worden. Tod und Verderben hätte ihnen bei einer erneuten Festnahme gedroht, ein erneuter Fluchtversuch wäre jedenfalls unmöglich geworden.

Da sie aber weit und breit kein feindliches Schiff ausmachen konnten, das ihre Verfolgung schon aufgenommen hatte, verloren sie nicht den Mut. Sie änderten den Kurs, aber sie kamen kaum von der Stelle, weil ihr kleines Segel in seinem durchlöcherten Zustand den günstigen Wind nicht nutzen konnte. Wie sehr vermißten sie jetzt die Bettlaken, die sie in Joberts verschlossener Hütte zurückgelassen hatten. Sie hätten sicher ein prachtvolles Segel abgegeben. Aber woher jetzt ein neues Segel nehmen? Der Gedanke, mehrere Hemden aneinander zu knüpfen, wurde schnell verworfen. Dann aber kam die rettende Idee: sie hefteten die vier Hängematten zusammen, die sie dabei hatten, und bald blähte sich ein prächtiges neues Segel vor einer frischen Brise und trieb die marode Schaluppe flott voran. Jetzt ging es endlich westwärts, immer ungefähr eine Meile querab von der Küste. Nach einiger Zeit erblickten sie die Spitze von Corosany.

Durch die beschleunigte Fahrt kamen die Mängel des altersschwachen Schiffes nun deutlich zutage. Zwischen den Planken drang unaufhörlich Wasser in das Innere des Bootes. Ein größeres Leck hatten sie schon mit einem Hemd zugestopft. Weitere Löcher taten sich an der morschen Bordwand auf. So wurde Pater Marduel, der wegen seiner kurzen Arme zum Rudern sowieso nicht gut zu gebrauchen war, zum Wasserschöpfen abgestellt.

Als die Sonne den Zenit schon weit überschritten hatte, erblickte Brochier am Ufer einige Hütten. Das konnte nur Iracoubo sein, der letzte Ort des Kantons Sinamary, auf dem Landweg immerhin eine Wegstrecke von acht Stunden von der Kolonie in Sinamary entfernt. Die Freude über die zurückgelegte Strecke war unbeschreiblich groß, schlug aber gleich wieder in Entsetzen um. Bei näherem Hinsehen machten sie nämlich eine Menge Menschen aus, die scheinbar aufgeregt am Ufer hin und her liefen. Der Gedanke lag nahe, daß auf die Flüchtlinge ein Kopfgeld ausgesetzt war, man sie nun entdeckt hatte und bald Boote ins Wasser lassen würde, um sie zu überwältigen und ins Exil zurückzubringen. Starr vor Schrecken segelten sie weiter entlang der Küste. Nichts passierte. Kein Boot stach in See, um sie zu verfolgen, bis sich der Ort und die Menschenmenge langsam ihren Blicken entzogen. Was nun der Grund für den Volksauflauf in Iracoubo war, sollte für immer ein Geheimnis bleiben.

Die Gefahr einer erneuten Gefangennahme war also fürs erste gebannt. Aber die Hoffnung, nun schon in Sicherheit zu sein, war trügerisch. Der Wind war immer heftiger geworden, dunkle Wolken zogen auf, schaumgekrönte Wellen schlugen krachend gegen die Bordwand. Schmerzhaft fegte die Gischt den Hilflosen ins Gesicht. Bald überzogen schwarze Wolken den ganzen Himmel. Der Versuch, durch kräftiges Rudern in Küstennähe zu gelangen, schlug bei dem immer wilder werdenden Wellengang fehl. Plötzlich erfaßte eine heftige Sturmböe die Schaluppe, warf sie in das nächste Wellental und riß den Großmast aus seiner Verankerung. Der Mast mitsamt Hängematten-Segel tauchte vor ihren entsetzten Blicken noch mehrmals auf, bis er im Sog der tobenden See endgültig entschwand. Mit letzter Kraft konnten sie das kleinere Segel am vorderen Mast bergen. Der Sturm wurde immer heftiger, Regen prasselte auf sie nieder, allseits schossen Blitze herab, brüllender Donner übertönte das Heulen des orkanartigen Sturmes. Im Tosen des Gewitters wurde die allmählich einem Wrack ähnliche, hilflose Schaluppe auf mächtigen Wellen haushoch emporgetragen, um im nächsten Augenblick krachend in einen tiefen Abgrund geworfen zu werden.

Von Rudern war jetzt keine Rede mehr, so erschöpft waren die Flüchtlinge. Bald konnten sie sich nicht mehr auf den Beinen halten und lagen nun halbtot im Wasser auf dem Boden der vollgelaufenen Schaluppe. Den Priestern blieb nur noch das stille Gebet. Sie erteilten sich gegenseitig die Generalabsolution und erwarteten schicksalsergeben ihr Ende.

Es war wie ein Wunder. Das stark beschädigte Boot sank nicht, und als die Mannschaft allmählich aus ihrer Lethargie erwachte, konnte sie den Kampf gegen die Naturgewalten wieder aufnehmen. Zum Glück hatte Brochier die Ruder mit starken Tauen an der Schaluppe befestigt, so daß der Sturm sie nicht hatte wegreißen können. Sie versuchten nun, das Boot mit Hilfe der Ruder einigermaßen im Gleichgewicht zu halten. Aber der Wellengang war immer noch so stark, daß die Entkräfteten weniger die Ruder handhaben als vielmehr umgekehrt, sie von den ausschlagenden Rudern hin und her geworfen wurden, und ständig der Gefahr ausgesetzt waren, sich die Knochen zu brechen. Wäre jemand in dieser Situation über Bord gegangen, er wäre verloren gewesen, nicht nur, weil keiner von ihnen schwimmen konnte, sondern weil die Kraft der anderen kaum gereicht hätte, ihn wieder an Bord zu ziehen.

Pater Marduel sollte anfangen Wasser zu schöpfen, aber kein einziges der dafür geeigneten Gefäße war heil geblieben. So blieb ihm nichts anderes übrig als seinen Hut für dieses Vorhaben zu opfern. Von ihren Vorräten besaßen sie nur noch ein Säckchen Mehl, das sie unter einer Bank aufgehängt hatten, das aber im Wasser baumelnd zu einem salzigen Brei geworden war, sonst nichts.

Nach endlosem Kampf gegen die aufgewühlte See gab es plötzlich einen Ruck. Das Schiff war auf einer Landzunge gestrandet, kein Schaukeln mehr. Froh, wieder festen Boden unter den Füßen zu haben, kletterten sie mühsam aus ihrem halb zerstörten Gefährt. Zwar versanken sie zunächst im knietiefen Schlamm am Rande der Sandbank, doch gelang es ihnen unter Aufbringen der letzten Kräfte, das Boot auf den trockenen Teil der Sandbank zu ziehen. Erst jetzt sahen sie, daß nicht weit entfernt das tosende Meer sich gegen eine steil aufragende Felswand an der Küste warf. Hätte sich nicht die Untiefe in ihren Weg gestellt, wären sie mit Sicherheit an der Felsenküste zerschellt. Ein Stoßgebet zum Himmel, und man ließ sich auf dem trockenen Sand nieder, um zu beratschlagen. Was war jetzt zu tun?

An eine Weiterfahrt in dieser Situation war nicht zu denken. Die Männer waren völlig entkräftet, durchnäßt, seit mehr als 24 Stunden ohne Nahrung. Im Sturm waren die letzten Nahrungsmittel über Bord gespült worden. Das vordringlichste war also, etwas Eßbares zu beschaffen und wenn möglich ein Feuer zu entfachen, um sich zu trocknen und gegen die Kälte der Nacht zu schützen. Pater Custer und auch Brochier meinten, kurz vor ihrem unsanften Aufsetzen in nicht allzu großer Entfernung eine Hütte mit schwachem Licht wahrgenommen zu haben. So beschloß man in der Hoffnung auf Feuer und Speise, nach dieser Hütte zu suchen. Diese Aufgabe sollten Custer und Brochier übernehmen, während die beiden anderen zur Bewachung der Schaluppe zurückblieben. Als die beiden gegen acht Uhr abends aufbrachen, war es schon dunkel, eine finstere wolkenverhangene Nacht. Etwas Geld besaßen sie glücklicherweise noch. Beim Abschied wurde vereinbart, daß die beiden in jedem Fall nach zwei Stunden zurück sein sollten, ob sie nun erfolgreich seien oder nicht.

Offensichtlich gab es mehr Stechmücken als Sand auf dieser Sandbank. An Schlafen war nicht zu denken. So streiften die beiden Zurückgebliebenen umher, um Reisig für ein Feuer zu sammeln. Im übrigen suchten sie nach einem geeigneten Baumstamm, um den verlorengegangenen Mast zu ersetzen. Sie verfügten glücklicherweise noch über eine Axt. Pater Wagner dachte bei sich: »Oh, du kostbare Axt, hier habe ich deinen Wert erst erkannt, welch unschätzbare Dienste hast du uns erwiesen.«

Es war inzwischen zehn Uhr geworden, aber von den Gefährten noch keine Spur. Zu der Qual mit den Moskitos und der jetzt herrschenden nächtlichen Kälte kam noch die Sorge um die Kameraden hinzu. Es wurde elf Uhr, zwölf Uhr. Sie kamen nicht. Von Zeit zu Zeit stießen Wagner und Marduel Laute aus, als Orientierungshilfe, falls sie die Richtung verloren haben sollten. Die fürchterlichsten Gedanken kamen auf, die schlimmsten Phantasien: sollten sie in eine Grube gestürzt sein und jetzt dort hilflos mit gebrochenen Gliedern liegen? Sollte eine giftige Schlange ihnen den tödlichen Biß versetzt haben? Oder hatten sie sogar die Hütte erreicht und die Bewohner hatten sie als Flüchtlinge erkannt und in Erwartung eines Judaslohnes festgehalten? Die Wartenden waren verzweifelt. Gemeinsam hatten sie so viele Gefahren bestanden. Sollte dies die Trennung, das Ende sein? Alleine waren sie ohne Chance.

Es war weit nach Mitternacht, als sie plötzlich Geräusche von knackenden Ästen wahrnahmen und dann Stimmen, die ihnen vertraut waren. Tatsächlich, es waren die verloren geglaubten Freunde. Tiefste Niedergeschlagenheit schlug plötzlich wieder um in freudige Hoffnung. »Wo seid ihr so lange gewesen?«

Pater Custer sank erschöpft nieder, lehnte sich an die Bordwand ihrer Schaluppe und berichtete: »Das Haus, das wir in einer halben Stunde zu erreichen glaubten, lag mindestens zwei Meilen entfernt. Zweimal waren wir schon so weit, entmutigt umzukehren, aber immer beschlossen wir, noch einen Versuch zu unternehmen, die Hütte zu erreichen. Endlich erkannten wir in der Ferne wieder das schwache Licht, auf das wir jetzt eilig zugingen. Als wir näher kamen, erkannten wir, das Licht kam aus der offenen Tür der Holzhütte. Beim Eintreten fanden wir ein kleines glühendes Feuer auf dem Lehmboden. Keine Menschenseele! Es war die armselige Behausung eines Indianers. Ein wenig Laub war als Lagerstätte in einer Ecke zusammengekehrt, daneben eine verfilzte schmierige Decke. Ein paar Töpfe und ein großer, von dünnem Holz gefertigter Fächer für die Feuerstelle lagen herum. Als erstes bedienten wir uns des Fächers, so daß das Feuer, das fast erloschen war, wieder hell aufloderte. Bei jetzt etwas besserem Licht durchsuchten wir jeden Winkel nach Nahrungsmitteln. Nichts Eßbares fand sich in der Hütte. Unsere Suche endete mit einem Schrecken, als der Besitzer der Hütte uns plötzlich überraschte. Es war ein hochgewachsener Galibi-Indianer, bewaffnet mit Pfeil und Bogen. Er war nicht wenig erstaunt, zu dieser Zeit in der Wildnis auf fremde Menschen in seiner Behausung zu stoßen. Nachdem der erste Schreck vorbei war, zeigte er sich als freundlicher Mann und hörte uns ruhig zu, als wir versuchten, ihm von unserem Schicksal zu erzählen, von unserer Schaluppe auf der Sandbank, von unserer Erschöpfung und unserem Hunger.

Der Indianer war gerade von der nächtlichen Jagd heimgekehrt und hatte nicht ein einziges Stück Wild erlegt. Außer einem trockenen Fladen aus Maniokmehl verfügte er über keinerlei Nahrungsmittel. Nach inständigem Bitten und gestenreichem Handel überließ er uns schließlich um den Preis eines Franken die Hälfte seines Brotes. Immer wieder auf das Feuer weisend, versuchte er uns zu bedeuten, das brennende Holzscheit auf dem Weg durch Fächeln am Glühen zu halten.

Brochier nahm das Brot und ich das glühende Holzscheit, wir bedankten uns auf das herzlichste und traten vorsichtig den Rückweg an. Unzähligemal blieben wir stehen, um das Feuer am Glühen zu halten. Das ging recht gut, bis ich, kurz bevor wir hier ankamen, durch das Licht des glühenden Holzes geblendet, in ein tiefes Loch zwischen mehreren Felsbrocken stürzte. Mir verschlug es vor Schreck die Stimme. Das Feuer erlosch gänzlich. Da Brochier mich bereits tot glaubte, begann er fürchterlich zu lamentieren. Seine Stoßgebete zum Himmel klangen so komisch, daß ich in einem Anflug von Galgenhumor laut lachen mußte. In gemeinsamer Anstrengung gelang es uns dann, mich aus dieser unbequemen Lage zu befreien. Das Feuer aber haben wir auf diese Weise kurz vor dem Ziel verloren.«

Erleichtert ließen die Vier sich jetzt im Schutz der Bordwand ihrer Schaluppe auf dem Boden nieder. Der Sturm hatte sich inzwischen gelegt. Zuerst verspeisten sie mit Heißhunger den halben Maniokkuchen, der unterwegs in viele kleine Stücke zerbröselt war. Nach dieser doch sehr mageren Stärkung versuchten sie nun, das Boot vollends auf den Sand zu ziehen, um es vor der jetzt steigenden Flut zu sichern. Bei aller Kraftanstrengung – es wollte nicht gelingen. So blieb ihnen nichts anderes übrig, als wieder in das Boot zu klettern und auf das steigende Wasser zu warten. In der Tat dauerte es nicht lange, bis die Flut das Boot wieder flott-machte, sie festen Boden verloren und von der leichten Dü-nung fortgetragen wurden.

Der Wind frischte auf. Die Schaluppe wurde mit guter Fahrt vorangetrieben. Trotzdem mußten sie alle Mühe beim Rudern walten lassen, um sich sicher aus dem Bereich der gefährlichen Klippen zu halten, an denen sie am Vorabend fast zerschellt wären.

Sie waren schon eine ganze Weile ins offene Meer hi-nausgefahren, als sie vor Schreck erstarrten. Aus dem Dun-kel der Nacht drang eine laute, drohende Stimme an ihr Ohr: »Halte là! Qui vive?« Sie verhielten sich mucksmäus-chenstill, bis Nicolas Custer seinen Freunden zuflüsterte: »Wir sind verraten worden, man macht Jagd auf uns. Wir sollten uns ergeben, es hat keinen Sinn mehr.«

Es war Brochier, der auch diese Situation geistesgegen-wärtig rettete. Mit seiner Donnerstimme schrie er in die Dunkelheit in Richtung des fremden Schiffes: »God damn the French! Der Teufel hole die Franzosen!« Die Priester begriffen sofort, was er damit im Sinne hatte. Die fremde Besatzung sollte glauben, sie seien Engländer, gleichzeitig vollführten sie mit den Rudern ein gewaltiges Geplätscher, um den Eindruck zu erwecken, als seien sie zahlreich und würden nun die Verfolgung aufnehmen. Ein Scheinangriff! Tatsächlich sahen sie bald einen dunklen Schatten, das fremde Schiff, in wenigen Metern Entfernung abdrehen und in aller Eile verschwinden.

Als auch diese gefährliche Situation überstanden war, kam ein merkwürdiges Gefühl der Unbesiegbarkeit auf, so daß die Vier guten Mutes und ruhig weiterruderten.

Im ersten Licht des neuen Tages bemerkten sie ein kleines Schiff, das direkt auf sie zusteuerte. Neue Gefahr? An Flucht war mit der alten Schaluppe nicht zu denken. Und da, am Horizont tauchte ein weiteres Schiff auf. Pater Marduel mein-te: »Vielleicht sind unsere Befürchtungen ja unbegründet, möglicherweise gehen all diese Schiffe nur auf Schildkrötenjagd aus und sind für uns ganz ungefährlich.« Bei dem ersten Boot hatte er recht. Es segelte grußlos vorbei, ohne sich im geringsten um die vier Flüchtlinge zu kümmern. Das beruhigende Gefühl wich schnell erneuter Angst. Das nächste Schiff segelte zielstrebig mit voller Fahrt auf die Schaluppe zu. Als es noch etwa einen Flintenschuß weit entfernt war, vernahmen die Priester durch ein Sprachrohr die Aufforderung, sich zu nähern und längsseits anzulegen.

Wieder hatten sie Glück. Der Schiffsführer war der ihnen gut bekannte Monsieur Droux aus Iracoubo, den sie in Sinamary schon oft getroffen hatten und der ihnen immer wohlwollend zugetan war. Entsprechend herzlich war die Begrüßung. Monsieur Droux erzählte ihnen, was es mit den beiden anderen Schiffen auf sich hatte. Das erste, das ihnen des Nachts begegnet war, gehörte dem Bürgermeister von Iracoubo, einem fanatischen Republikaner. Die List, sich als englisches Schiff auszugeben, war also lebensrettend gewesen. Hätte er nämlich geahnt, daß es sich nicht um Engländer, sondern um Deportierte auf der Flucht handelt, hätte er sie sicher überwältigt und den Behörden in Cayenne ausgeliefert.

Viel später erfuhren sie, daß dieser Feigling in voller Hast die Flucht ergriffen und lange vor den anderen Schiffen den Hafen von Iracoubo erreicht hatte. Dort berichtete er von seiner heldenhaften Begegnung mit der englischen Flotte. Seine Befürchtung, nur sein Boot sei gerettet worden, stellte sich als grundlos heraus, als die beiden anderen Boote später gemächlich einliefen.

Wenn Monsieur Droux auch die bedauernswerte Lage der Flüchtlinge sah, so konnte er ihnen doch nicht ausreichend mit Lebensmitteln helfen, da sein Proviant, 15 Stück Zwieback, kaum für ihn und seine sechs schwarzen Ruderer reichte, zumal er noch eine Tagesreise vor sich hatte. Nach inständigem Bitten und Betteln war er schließlich bereit, zwei Zwieback abzugeben. Gegen einen Sechsfrankentaler. Schließlich, nachdem er die stark beschädigte Schaluppe

noch etwas genauer inspiziert hatte, gab er noch einige wert-
volle seemännische Tips. So riet er ihnen, das dritte Ruder,
das sie als Steuerruder benutzten und auf See an einem Tau
hinter sich herzogen, ins Boot zu ziehen, weil es die Fahrt
behindere. Zum Abschied versuchte er noch, die Priester
aufzumuntern und ihnen Hoffnung zu machen: »Fahren
Sie noch etwa eine Viertelmeile an der Küste entlang, dann
werden sie Organa sehen, einen kleinen einsamen Ort. Beim
letzten Haus versuchen Sie zu landen, dort wohnt ein guter
Freund von mir, er heißt Jaquet und betreibt eine Schildkrö-
tenfarm. Sagen Sie ihm, Sie seien von mir geschickt, setzen
Sie ihm ihre Lage auseinander. Er wird Ihnen Lebensmittel
und alles, was Sie sonst nötig haben, besorgen. Bitten Sie
ihn auch, er möge Ihnen das Steuerruder geben, welches ich
neulich bei ihm zurückgelassen habe. Es wird Ihnen gute
Dienste leisten. In dem Zustand, in dem Ihr Boot jetzt ist,
wird es schwerlich jemals Surinam erreichen.«

Die vier Flüchtlinge dankten von ganzem Herzen und
setzten voller Hoffnung ihre Fahrt fort. Als sie schon ein
Stück weit gerudert waren, griff Droux noch einmal zum
Sprachrohr und rief ihnen zu: »Ihr müßt Euch in acht nehmen. Kurz vor Organa, mitten auf dem Weg, liegen die *terre-basse.*« Sie dankten etwas voreilig, denn als wenig erfahrene Seeleute wußten sie gar nicht, was *terre-basse* bedeutet.
Vielmehr setzten sie frohen Mutes mit der Aussicht auf
Hilfe ihre Fahrt in Richtung Organa fort. Der Zwieback
wurde geteilt und wie ein Festessen verspeist.

Plötzlich wurde die Fahrt jäh unterbrochen. Was hatte
Monsieur Droux ihnen noch geraten? Jetzt war es passiert,
jetzt verstanden sie, was er mit *terre-basse* gemeint hatte.
Die angekündigte Untiefe! Das Schiff lag wieder fest. Tie-
fer zäher Schlamm behinderte ihre Fahrt. Kein Baum, kein
Strauch, der Schatten spenden würde. Die Sonne stand jetzt
um die Mittagszeit im Zenit und brannte gnadenlos. Da an
Aussteigen nicht zu denken war – man wäre in dem tiefen
Schlamm bis zur Hüfte eingesunken – blieb nichts anderes
übrig als in dieser Situation auszuharren, bis die steigende

Flut sie wieder aus ihrer mißlichen Lage befreien würde. Reumütig beschlossen sie, sich in Zukunft unbekannte seemännische Ausdrücke erklären zu lassen. Was der Begriff »terre-basse« bedeutet, hatten sie ein für allemal begriffen.

Fast vier Stunden mußten die Männer in der quälend brütenden Hitze ausharren, bis das Meer langsam wieder anstieg und auch ihre Schaluppe erfaßte, die inzwischen tief in den Schlamm eingesunken war. Und schon waren sie mit dem nächsten Problem konfrontiert. Ihr Schiff hatte sich in dem zähen, klebrigen Untergrund so festgefressen, es war fast bis zum oberen Bordrand eingesunken, so daß die nun schneller steigende Flut es nicht freispülen konnte. Damit das Boot nicht überflutet würde, mußten sie nun versuchen, es irgendwie aus dem Schlamm zu lösen. Auszusteigen war nicht möglich, sie hätten sich kaum selbst wieder aus dem zähen Schlamm befreien können. Die Zuversicht, Organa zu erreichen, wich wieder verzweifelter Todesangst. Wieder hatte Brochier die rettende Idee. Alle Vier stellten sich auf die eine Seite des Schiffes und stemmten sich gegen die Bordwand. Auf diese Weise löste sich das Schiff auf der Gegenseite ein wenig aus dem Schlamm und wurde von dem steigenden Wasser unterspült. Das gleiche Manöver führten sie nun auf der Gegenseite aus. Auch hier gelang es, den Kahn ein wenig zu lösen, so daß die See ungehindert zwischen Schiffsrumpf und schlammigen Untergrund dringen konnte. Jetzt gelang es schon etwas leichter, das Manöver auf der Gegenseite zu wiederholen. Im steten Wechsel zwischen Steuerbord und Backbord gelang es ihnen tatsächlich, ihr Schiff immer weiter freizuschaukeln bis sie endlich spürten, wie es von den Wellen weggetragen wurde. Jetzt packten sie die Ruder, um mit mächtigen Schlägen der gefährlichen Untiefe zu entkommen.

Zur Abwechslung hatten die vier Männer, hungrig, durstig und erschöpft, auch einmal etwas Glück. »Der Wind blies hinter uns drein, als sei er für uns geschickt.« Die Fahrt ging gut voran, so gut, daß sie wieder in Sorge fielen. Sollten sie Organa verpaßt haben? Den Ort ihrer Rettung? Nach

Aussage von Monsieur Droux sollte er doch nur einige Meilen entfernt sein. Sie schwankten zwischen Furcht und Hoffnung. Allein Brochier war zuversichtlich. Es könne unmöglich der Fall sein, daß sie schon an Organa vorbeigesegelt seien. Und während er das sagte, tauchten in der Ferne an der Küste die Konturen eines kleinen Dorfes auf, und da sie sich bei günstigem Wind schnell näherten, erkannten sie auch bald das Haus am Dorfrand, wo Jaquet, der Freund von Monsieur Droux, ihnen weiterhelfen sollte. Auch der Hausherr hatte sie aus der Ferne erblickt und erkannt, daß sie an dieser Stelle zu landen beabsichtigten. Mit einigen Schwarzen kam er ans Ufer, um den Ankömmlingen bei dem hohen Wellengang an dieser Stelle bei der Landung behilflich zu sein.

Organa

Es war wirklich keine feine Gesellschaft, die da an Land ging. In zerschlissenen Kleidern, ausgemergelt und entkräftet, mehr kriechend als gehend, wurden sie dennoch sehr freundlich von Monsieur Jaquet empfangen. Als erstes führte er die Flüchtlinge etwas abseits, damit die Schwarzen sie nicht belauschen konnten. Pater Custer stellte sich vor, richtete die Grüße und Aufträge des Herrn Droux aus und berichtete mit wenigen Worten von den Erlebnissen auf der Flucht.

Jaquet sandte die Schwarzen ins Haus mit dem Auftrag, eine ordentliche Mahlzeit zu bereiten. Als sie weg waren, sagte er: »Hören Sie, meine Herren, Sie wissen, wie die Schwarzen sind, wie wenig man ihnen trauen kann. Sagen Sie ihnen also unter keinen Umständen, wer Sie sind, bei der ersten Gelegenheit würde man Sie verraten. Ich werde ihnen sagen, Sie seien mit Genehmigung des Statthalters nach Organa gekommen. Entschuldigen Sie bitte, wenn ich das so sage, aber in Ihrem Zustand können Sie sich wirklich nicht als Händler oder normale Reisende ausgeben.«

In Wagners Tagebuch lesen wir an dieser Stelle: *Wir sahen ganz verkommen wie die reinsten Strolche und Landstreicher aus. Sonnenverbrannt, die Haare wirr um den Kopf, mit verwildertem Bart, zerrissenen, schmutzigen Kleidern, ohne Strümpfe und Schuhe – die letzteren hatten wir bei dem Sturme verloren – es war sicher kein sehr vertrauenerweckender Anblick.*

Gemeinsam gingen sie in die Hütte, und es dauerte nicht lange, bis einer der Schwarzen eintrat und meldete, das Essen sei bereitet. Eine riesige Schüssel, randvoll mit duftender, frisch bereiteter Speise kam den Priestern nach den Entbehrungen der letzten Tage wie ein Traum vor.

Die ersten Bissen waren gerade verspeist, da stürzte einer der Schwarzen schweratmend herein und rief: »Mouchi, navi!« »Kommen Sie, Monsieur, kommen Sie! Ein großes Schiff!« Die Flüchtlinge vergaßen Hunger und Müdigkeit, sprangen auf und liefen zum Strand. Am Horizont war ein großer Segler auszumachen. Jaquet nahm sein Fernrohr und beobachtete das Schiff, das sich noch in weiter Ferne befand. »Ich sehe jetzt, was es ist,« sagte er, »es ist das große Parlamentärschiff von Cayenne, das vor einigen Wochen zu den Antillen ausgelaufen ist, um Gefangene auszutauschen. Der Kapitän hat schon damals gesagt, er wolle auf der Rückreise von St. Thomas hier landen, um Schildkröten an Bord zu nehmen.« Am Horizont zog also neue Gefahr auf. Bei Ankunft des Schiffes mußten die Flüchtlinge außer Sicht sein. Es wäre so nötig gewesen, sich für einige Stunden von den Strapazen der Flucht zu erholen, aber nun mußten sie sofort weiter, die Zeit drängte.

Jaquet fuhr sich nachdenklich mit der Hand ans Kinn. »Das schaffen Sie gar nicht! Mit dem Boot! In diesem Zustand! Von Sinamary hierher war das Meer ja noch harmlos, aber die Strecke die vor Ihnen liegt, ist viel gefährlicher, bei Nacht überhaupt nicht zu befahren. Hier bleiben, im Wald verstecken? Unmöglich. Die Schwarzen würden erkennen, daß Sie Flüchtlinge sind und Sie ohne Zweifel verraten. Um ehrlich zu sein, Ihre Lage ist ziemlich hoffnungslos.« Als er die tiefe Enttäuschung bei den Priestern sah, gab er schließlich folgenden Rat: »Fahren Sie jetzt eine Strecke zurück, die Schwarzen werden dann meinen, Sie seien auf dem Weg nach Cayenne. Ungefähr eine Viertelstunde von hier liegt dicht am Ufer eine Hütte, die zu meinem Schildkrötenpark gehört. Fahren Sie daran vorbei. Nach Sonnenuntergang kehren Sie dorthin zurück, machen Ihr Boot fest und verbringen dort die Nacht. An diesem Ort sind Sie sicher. Er ist nur mit einem Boot zu erreichen, und von meinen Leuten wird sich keiner unterstehen, ohne meine Erlaubnis einen Kahn zu benutzen. Noch vor Tagesanbruch müssen Sie morgen so vorsichtig wie möglich auslaufen, um nicht von der Besatzung des Schiffes, welches hier in der Bucht ankern wird, bemerkt zu werden.«

Dies schien eine Lösung zu sein. Ihre Dankbarkeit gegenüber Jaquet wurde allerdings noch einmal etwas getrübt, als sie ihn zum Abschied um Lebensmittel baten. Er habe selber nichts, behauptete er. Custer hatte aber eher das Gefühl, als wolle ihr Gönner in ein so hoffnungsloses Unternehmen nicht auch noch Proviant investieren. Schließlich besorgte er ihnen ein kleines Säckchen Mehl und scheute sich nicht, dafür sechs Franken anzunehmen. Dann fiel ihm noch ein, daß seine Schwarzen ja mit der Bereitung des Mahles einige Mühe hatten und es sicher günstig wäre, auch ihnen noch ein kleines Geschenk zu machen, um sie freundlich zu stimmen. Was blieb den Priestern anderes übrig als nochmals drei Franken zu zahlen? Den Vorrat an geräuchertem Fisch, den ihnen ein Schwarzer anbot, konnten sie sich dann aber nicht mehr leisten, nachdem ihre letzte Barschaft noch ganze zwei Franken betrug.

Während sich der Segler langsam näherte, brachen sie in aller Eile auf. Es dauerte auch nicht lange, bis sie Jaquets Hütte an beschriebenem Ort vorfanden. Als sie ihre Schaluppe in der Nähe an einem kleinen Steg festmachten, war es dunkle Nacht.

Nachdem sie die Hütte erreicht hatten und nun vorsichtig den Innenraum ertasteten, stieß Brochier plötzlich einen Schreckensschrei aus. Er war barfuß in einen Aschenhaufen getreten, unter dem sich noch etwas Glut befand. Nachdem sie das Feuer durch heftiges Wedeln wieder etwas entfachen konnten, verbrachten sie nun einige Stunden in wohltuender Wärme und ungewohnter Sicherheit.

Gegen drei Uhr morgens brachen sie auf. So leise, daß kaum ein Plätschern der Wellen zu hören war, fuhren sie in einem großen Bogen um das feindliche Schiff herum, das in der Dunkelheit nur durch das matte Licht der Schiffslaternen schemenhaft zu erkennen war. Sobald sie das Gefühl hatten, das Schiff passiert zu haben, begannen sie kräftiger zu rudern. Als es hell wurde, waren alle Blicke mit Spannung nach hinten gerichtet, um zu sehen, wieviel Vorsprung sie wohl hätten. Brochier schätzte die Entfernung zu dem feindlichen Schiff auf etwa zwei Meilen. Also strengten sie nochmals alle Kräfte an, um, unterstützt von einer frischen Brise, rascher aus der Gefahrenzone zu kommen. Jedesmal, wenn sie sich besorgt umschauten, war das Schiff in weiterer Ferne. Ein Verfolger war nicht auszumachen. Als es schließlich ganz hinter dem Horizont verschwunden war, atmeten sie erleichtert auf.

Inzwischen war der Tag angebrochen. Die türkisfarbene Karibische See reflektierte das Licht der Sonne, die aus wolkenlosem Himmel schien. Die Luft war rein und frisch. Am Ufer das satte üppige Grün des tropischen Waldes. Kurz, es wurde ein schöner Tag. Der Wind nahm zu und blähte das kleine Segel. Die Schaluppe machte jetzt richtig Fahrt, was den erschöpften Flüchtlingen nicht ungelegen kam, weil sie die Ruder ruhen lassen konnten.

Der Wind wurde stärker, und langsam begann es ungemütlich zu werden. Als der Wind sich schließlich zu Sturmstärke gesteigert hatte und die Schaluppe zwischen den hohen Wellen hin und her geworfen wurde - die Männer konnten kaum das Gleichgewicht halten - bemerkten sie, daß sich zwischen Kiel und Bordwand eine handbreite Lücke gebildet hatte, durch die jetzt ungehindert Wasser eindrang. Wieder mussten sie Wasser schöpfen. Bald fanden sie heraus, daß die Nägel, die die unterste Planke mit dem Kiel verbanden, sich gelöst hatten. Durch vorsichtiges Hämmern mit dem Kopf ihrer Axt gelang es, die Nägel zurückzutreiben und das Leck zu schließen.

Nachdem das eingedrungene Wasser ausgeschöpft war, ging es buchstäblich in Windeseile voran. In wenigen Stunden legten sie eine Strecke zurück, für die sie mit Rudern allein mehrere Tage gebraucht hätten. Die leichte Übelkeit und die vielen Rippenstöße ließen die Vier sich gerne gefallen, waren sie doch auf dem besten Wege in die ersehnte Freiheit.

Allmählich legte sich der Wind wieder, der Wellengang ließ nach, das Segeln entlang der Küste war fast gemütlich, als sie in den Mündungsbereich eines kleinen Flusses kamen. Da sie nun schon seit mehr als 24 Stunden nichts mehr getrunken hatten, waren sie natürlich hoch erfreut. Sie lenkten die Schaluppe in die Flußmündung, ruderten eine Weile landeinwärts, bis das Brackwasser hinter ihnen lag, und konnten sich dann an frischem Süßwasser laben. Glücksgefühle kamen auf. Am liebsten wären sie hier noch eine Weile geblieben. Aber die Vernunft sagte ihnen, sie seien noch nicht in Sicherheit, sie mußten weiter. Also ruderten sie nach dieser köstlichen Erfrischung wieder flußabwärts in Richtung offenes Meer und setzten dann ihr Segel, um weiter an der Küste entlang zu fahren. Kurz vor Sonnenuntergang erblickten sie die breite Mündung eines Flusses. Dies konnte kein anderer Strom sein, als der Marony, der Grenzfluß zwischen dem französischen Guyana und Surinam. Das gelobte Land war in Sicht!

Die Aussicht, die Strafkolonie nun endgültig hinter sich zu lassen, beflügelte sie. Zwar war die Sonne eben untergegangen und schnell herrschte dunkle Nacht, aber unbeirrt ruderten sie in Richtung auf das jenseitige Ufer der Marony-Mündung, das sie noch bei Tageslicht fest ins Auge gefaßt hatten. Um Mitternacht plötzlich war die Fahrt zu Ende. Die Schaluppe war auf Sand gelaufen. Mit letzter Kraft zogen sie das Boot einige Meter auf den hellen Sandstrand, sanken erschöpft nieder und dankten dem Herrgott. Das Land der Verbannung lag jetzt endgültig hinter ihnen.

8. In Freiheit

Die erste Nacht in der Freiheit? Da die glücklich Gestran- 23. Juni 1800
deten keine Ahnung hatten, wo die nächsten menschlichen
Wohnungen zu finden sein würden, beschlossen sie, bis zum
Sonnenaufgang am Ufer bei ihrer Schaluppe zu bleiben.
Gegen die Scharen von Moskitos mußten sie sich schützen, indem sie das Segel auf dem Boden ausbreiteten und zu
viert darunter krochen. Das erregende Gefühl, die Qualen
des Exils hinter sich zu haben, ließ sie nicht zur Ruhe kommen. Hinzu kamen die lästigen Insekten, so daß an Schlafen nicht zu denken war. Jedenfalls verlor Pater Marduel als
erster die Geduld. »Ich gehe am Strand etwas spazieren«,
sagte er, »hier ist es ja nicht auszuhalten.« Er brach sich eine
Art Palmwedel von einem Busch, um damit die Insekten
abzuwehren und verschwand in der Dunkelheit.

Pater Marduel bahnte, sich streng an die Böschung des
Flußufer haltend, ständig die lästigen Stechmücken ab-
wehrend, sich einen Weg durch das dichte Gestrüpp. Als
er ungefähr eine Stunde am Ufer des Marony auf und ab
gegangen war, hörte er plötzlich ganz in seiner Nähe eine
laute Stimme: »Wer da? Halt!«. Wie vom Blitz getroffen
erstarrte der arme Pater, atemlos, unfähig, einen Schritt zu
tun oder einen Laut von sich zu geben. Da ertönte es noch
lauter, mit donnernder Stimme: »Halt! Wer da?«. Immer
noch stumm vor Schreck hörte er, daß ganz in seiner Nähe
ein Gewehr entsichert wurde. Nun überfiel ihn Todesangst.
Sollte er etwas rufen? Gewehrkugeln würden ihm vermutlich um die Ohren fliegen, an Flucht war aus dem gleichen
Grund überhaupt nicht zu denken. Zitternd faltete er seine
Hände. Sollte sein letztes Stündlein geschlagen haben?

Der Wachsoldat, wahrscheinlich nicht weniger ängstlich,
setzte zunächst das Gewehr wieder ab, als ein Unteroffizier,

durch den Lärm aufmerksam geworden, mit einigen Soldaten hinzukam. Er befahl dem Wachtposten: »Nicht schie-
ßen! Wir müssen erst herausfinden, wo das fremde Geräusch
herkam.« Er schlich also durch den dichten Busch, bis er
plötzlich auf Pater Marduel stieß, ein zitterndes, lediglich
mit einem Palmwedel bewaffnetes, absolut ungefährliches
Häufchen Elend.

Der Unteroffizier richtete nun auf Deutsch verschiedene
Fragen an sein Gegenüber[u]. Dieser verstand kein Wort, fing
aber seinerseits an, in französischer Sprache auf den Soldaten einzureden. Heillose Konfusion! Schließlich packte der
Soldat Pater Marduel am Arm und führte ihn zu seinem
Hauptmann. Dieser raffte nun seine gesamten Französisch-
kenntnisse, etwa zehn Wörter, zusammen, ohne daß es zu
einem gegenseitigen Verständnis gekommen wäre. Zum
Glück gibt es Wörter, die über die Sprachgrenzen hinaus
bekannt sind. Marduel zeigte in die Richtung, wo die Schaluppe am Ufer lag und sagte immer wieder: »Camarades,
Camarades!« Der Offizier kapierte. Er ordnete eine Abteilung von zehn Mann ab, die den Befehl erhielten, die *Camarades* zu suchen.

Die drei Gestrandeten lagen immer noch halbtot vor
Kälte und Erschöpfung unter ihrem nassen Segel, als sie
plötzlich Schritte und ein Stimmengewirr wahrnahmen:
»Wo sind sie denn? Man sieht ja niemanden hier.« Nicolas
Custer und Michel Wagner glaubten zu träumen. Hier, mitten im südamerikanischen Urwald, sollte Deutsch gespro-
chen werden? Aber es war kein Traum. Pater Marduel zog
ihnen das Segel weg und sagte: »Steht auf, ihr faulen Säcke,
ich habe Leute gefunden.«

Nachdem sie auf die Gruppe gestoßen waren, stellten
die Soldaten nun untereinander ihre Vermutungen an. Die
einen hielten die Fremden für Spione, die anderen für Wil-
de, die anderen für Flüchtlinge. Da ergriff Pater Custer das

---

u Die Soldaten der Kolonien in Surinam waren größtenteils Deutsche, die in
holländischen Diensten gestanden hatten und von den Engländern bei der Beset-
zung des Landes auf ihren Posten belassen worden waren.

Wort: »Ich will sie über unsere Person aufklären.« »Wie?«
antwortet einer der Soldaten, »Sie sprechen Deutsch?«
»Natürlich«, antwortete Custer, »es ist ja schließlich unsere
Muttersprache.« Im Nu drängte sich jetzt die ganze Gesellschaft um die Flüchtlinge. »Was? Ihr seid Deutsche?«, »Wo
kommt Ihr denn her?«, »Was hat Euch in Gottes Namen in
diese verdammte Gegend verschlagen?« Ganz offensichtlich
waren die Soldaten hocherfreut, so fern der Heimat Landsleute anzutreffen. Nun hörten sie mit großer Anteilnahme
zu, als Pater Custer ihnen die abenteuerliche Geschichte
ihrer Deportation und Flucht erzählte.

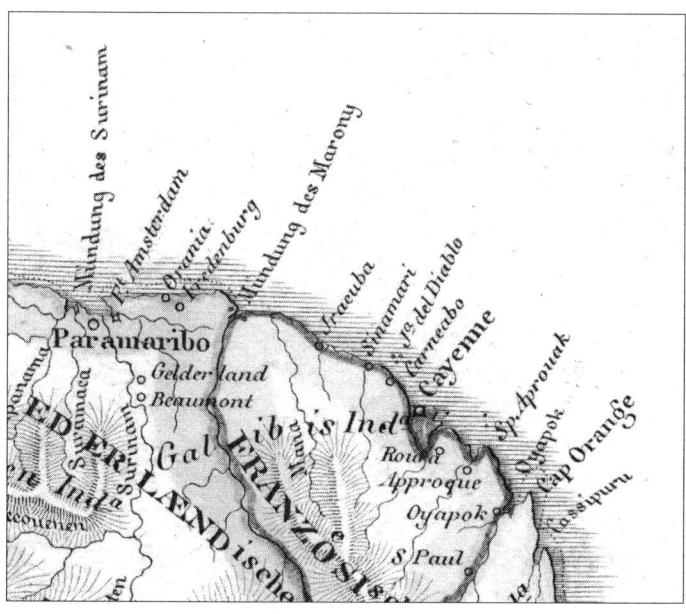

Der Fluchtweg führte von Sinamary über Iracouba, Organa, Marony, Orange, Fort
Amsterdam schließlich nach Martinique.

Marony

Nach einer Weile wurden die befreiten Deportierten unter fröhlichem Geleitschutz den kurzen Weg zum Haus
des Hauptmanns geführt. Dort angekommen, rief einer der

Soldaten: »Herr Hauptmann, Herr Hauptmann, kommen Sie heraus, wir haben Landsleute gefunden!« Der Offizier begrüßte die Gruppe freundlich und führte sie in sein komfortables Haus. Während die deutschsprachigen Priester Custer und Wagner nochmals alles über ihre Deportation und ihre Flucht erzählten, wurde in der Küche ein prächtiges Mahl für sie zubereitet, Fisch, Fleisch, köstliches Brot und Käse. Seit ihrer Gefangennahme vor mehr als zweieinhalb Jahren hatten die Priester kein so gutes Essen mehr bekommen. Dennoch konnten sie es kaum genießen, weil sie so erschöpft waren, daß sie bald völlig ermattet auf die Lagerstätten sanken, die ihnen die Soldaten selbstlos überlassen hatten.

Sobald der Tag angebrochen war, ließ der Hauptmann ein opulentes Frühstück anrichten. Jetzt konnten die Vier den duftenden Kaffee, die frische Milch und das feine Weißbrot richtig genießen. Sie wurden von allen Seiten so freundlich und zuvorkommend behandelt, als seien sie seit Jahren die besten Freunde.

In Marony wohnte ein Holländer, Herr Merguen, ein wohlhabender Kolonist, den die Priester bereits aus Sinamary kannten und der ihnen schon in der Gefangenschaft, zugetan war. Kaum hatte er von ihrer Ankunft gehört, eilte er sogleich zu dem Posten, wo sie untergebracht waren, und lud sie ein, seine Gäste zu sein: »Sehen Sie, meine Herren, in dem Zustand der äußersten Erschöpfung, in dem Sie sich befinden, können Sie unmöglich nach Paramaribo aufbrechen. Sie müssen sich ein paar Tage der Erholung gönnen. Und bitte – keine Widerrede! In meinem Hause werden Sie das am besten können, es wird mir eine Ehre sein, Sie wieder in einen menschenwürdigen Zustand zu versetzen.« Diese Einladung wurde dankbar angenommen. Herr Merguen hielt sein Wort. Nach drei Tagen waren die Flüchtlinge schon wieder so weit hergestellt, daß man ihnen die zurückliegende Anstrengung kaum noch anmerkte.

Für Pater Wagner kam noch ein besonders ergreifendes Erlebnis hinzu. Familie Merguen hatte ein nur wenige

Wochen altes Töchterchen. Die Eltern nutzten die günstige Gelegenheit und baten ihn, das Kind zu taufen. Frau Merguen meinte nämlich: »Ich weiß nicht, wann wir wieder das Glück haben werden, einen Priester bei uns zu sehen.« Bewegten Herzens nahm Wagner diese priesterliche Aufgabe wahr und spendete das Sakrament der Taufe. Seit Jahren, seit der Vertreibung aus seiner Gemeinde in Wincheringen an der Mosel, war ihm das nicht mehr vergönnt gewesen.

Drei Tage erholten sich die Priester in dem gastfreundlichen Haus der Familie Merguen, dann hieß es Abschied nehmen. Der Hauptmann ließ sie in einem seiner Boote nach Orange, der nächsten Siedlung auf dem Wege zur Hauptstadt, bringen. Ihre alte Schaluppe, die ihnen so treue Dienste erwiesen hatte, konnten sie nun guten Gewissens in Marony zurücklassen – sie würden sie sicher nicht mehr brauchen.

Orange

Der Kommandant des Postens von Orange, Major Jobin, 26. Juni 1800 kam den Flüchtlingen mit der gleichen Freundlichkeit entgegen wie der Hauptmann in Marony. Er behielt sie mehrere Tage als persönliche Gäste in seinem Landhaus und verpflegte sie aufs beste. Die Warmherzigkeit, mit der sie auch von der Bevölkerung in Orange aufgenommen wurden, nachdem sie ausführlich die Geschichte ihrer Flucht erzählt hatten, tat ihnen gut und trug wesentlich zu ihrer raschen Genesung bei.

Zum Problem wurde Brochier, der sich während der Flucht immer ordentlich verhalten hatte und den drei Priestern eine zuverlässige Hilfe gewesen war. Er fiel jetzt in alte Untugenden zurück und fing an, eine Dummheit nach der anderen zu begehen. Seine einfache Herkunft trat deutlich zutage, wenn er sich in die Gespräche über Themen einmischte, von denen er nichts verstand. Schlimmer noch war seine prahlerische Art, mit der er versuchte, sich wichtig zu tun. Unangenehm wurde es, als Major Jobin begann, die Flüchtlinge über die militärischen Verhältnisse in Cayenne und über die Absichten der dortigen Regierung auszufragen. Während die Priester wahrheitsgemäß sagten, daß sie sich um diese Dinge nie gekümmert und daher auch keinerlei Kenntnisse hätten, gab Brochier gerne detaillierte Auskunft. Er wußte zu berichten, wie viele neue Regimenter Viktor Hugues aufgestellt hatte und daß es einen Plan gebe, Surinam auf dem Landwege anzugreifen. Der Kommandant, der nicht erkennen konnte, daß mit Brochier schlichtweg die Phantasie durchgegangen war, nahm die Sache ernst und machte Meldung nach Fort Amsterdam[38].

Folglich wurden die Flüchtlinge nach Fort Amsterdam vorgeladen. Mit einer flachen, mit einem Strohdach versehenen Barke traten sie die zweitägige Fahrt entlang der Küste an. Übernachtet wurde unterwegs in einem Privatquartier, wo es noch einmal recht gesellig zuging.

Fort Amsterdam

Am Ziel angekommen, wurden sie gleich zum Ortskommandanten, Oberst Rotenburg, geführt, der den Bericht aus Orange erhalten hatte. Dieser befragte die Vier nun aufs genaueste. Mit Brochier und Pater Marduel sprach er französisch, mit Custer und Wagner deutsch. Rotenburg brachte den Flüchtlingen bei weitem nicht die Freundlichkeit entgegen, die sie seit ihrer Landung in Marony überall erfahren hatten. Schon die erste Unterredung artete in ein förmliches Verhör aus. Brochier, der langsam einsah, was er der Gruppe durch sein unsinniges Geschwätz eingebrockt hatte, gab nun klein bei und behauptete, alles, was er in Orange erzählt habe, habe er nur vom Hörensagen gewußt.

Rotenburg war unzufrieden. Er war sich nicht sicher, ob er es nicht doch mit französischen Spionen zu tun hatte. Er nahm die Vier in Haft und ordnete ein erneutes Verhör an, diesmal durch seinen Vorgesetzten, einen General aus der Hauptstadt Paramaribo. Was für ein Rückschlag! Kaum dem Ort der Verbannung entkommen und nur wenige Tage in Freiheit, wurden sie wieder eingesperrt und mußten sich auf dem harten Fußboden in einem Raum des Verwaltungsgebäudes einrichten. Der einzige Trost war, daß Rotenburg ihnen versicherte, der General werde recht bald erwartet.

Am dritten Tag nach der erneuten Inhaftierung traf der sehnsüchtig erwartete General endlich ein. Da er nicht Französisch und

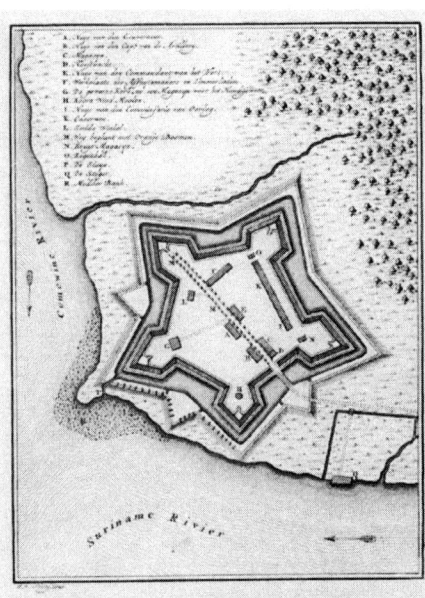

FORT NIEUW AMSTERDAM.

Fort Amsterdam

die Priester nicht Englisch verstanden, mußte Rotenburg übersetzen. Wenn auch alle Fragen offen und ehrlich beantwortet wurden, blieb doch der Verdacht bestehen, die Vier könnten französische Kundschafter sein, zumal Brochier seine Aussagen deutlich geändert hatte. Von den anfänglich so offenherzig mitgeteilten Dingen behauptete er jetzt nichts mehr zu wissen. Sollte er von den anderen entsprechende Instruktionen erhalten haben? Pater Custer versicherte: »Mit Brochier haben wir gar nichts zu tun. Wir haben ihn nur mitgenommen, weil er so inständig darum gebeten hat. Wahrscheinlich war das nicht besonders klug. Von dem, was er in Orange über die militärische Situation behauptet hat, wissen wir absolut nichts.«

Auch von Pater Marduel waren die Engländer nicht recht zu überzeugen. »Er ist bestimmt kein Priester, wofür er sich ausgibt. Er trägt einen Zopf. Nie habe ich einen Priester gesehen, der so sonderbar herumläuft«, gab der General zu bedenken. Dies konnte Nicolas Custer erklären: »Sie haben recht, er sieht schon sonderbar aus, deshalb hat er auch in Sinamary manchen Spott von seinen Mitbrüdern ertragen müssen. Während der Revolution in Frankreich hat er sich verkleiden müssen, um nicht als Priester erkannt zu werden, aus diesem Grunde hat er sich damals einen Zopf wachsen lassen und diese Haartracht einfach beibehalten.«

Rotenburg schwieg eine Weile, dann sprach er mit dem General englisch und wandte sich anschließend wieder an Custer: »Der Herr General wünscht ihren Paß zu sehen.« »Aber wie können Sie denn von Flüchtlingen einen Paß verlangen! Damit hätten wir uns auf der Flucht doch verraten.« Auch mit einem Zeugnis oder einer Beglaubigung aus Cayenne konnten die Priester nicht dienen. Der Vorschlag, bei Herrn Droux oder Herrn Jaquet in Organa oder auch bei Madame Lesser in Cayenne Erkundigungen über die vier Franzosen einzuziehen, stieß auf wenig Gegenliebe. Ohne Ergebnis wurden sie zurückgeführt und weiter unter Aufsicht gehalten.

Am anderen Tag erfolgte eine erneute Vorladung zum Verhör. Zuerst wurden nur Brochier und Pater Marduel hereingerufen. Als sich die Tür nach einer Weile öffnete und die beiden herauskamen, konnte Marduel den Wartenden nur zuflüstern: »Die wollen uns wahrscheinlich wieder nach Cayenne zurückschicken.«

Pater Custer und Pater Wagner wurden aufgerufen.

Ein Oberst der englischen Streitkräfte führte heute die Verhandlung. Er war ein freundlicher Mann. Die erste Frage aber war wieder, ob es denn kein einziges Papier zum Nachweis der Identität gebe. Jetzt fiel Pater Wagner ein, daß er seine Ernennungsurkunde zum Pastor von Wincheringen gerettet hatte und in seiner Brieftasche trug. Diese zeigte er dem Oberst. Nach kurzem Studium des Dokumentes strich der Oberst sich bedächtig über seinen Kinnbart, richtete seinen Blick auf die beiden Priester und sagte: »Ich verstehe zwar kein Latein, aber das genügt mir. Auf Ihnen beiden, meine Herren, hat von Anfang an der geringste Verdacht geruht. Aber die beiden anderen, besonders der jüngere, sind wahrlich nicht vertrauenerweckend. Warum haben Sie auch Ihre Gesellschaft so schlecht gewählt?« »Herr Oberst«, erwiderte Custer, »bei so einem Unternehmen wie unserer Flucht darf man nicht wählerisch sein. Wir hätten sogar den Henker von Cayenne mitgenommen, wenn er uns nur geholfen hätte. Wir haben den jungen Mann nur mitgenommen, weil wir glaubten, er könne uns nützlich sein. Wir hatten aber vorher nie eine Verbindung zu ihm.«

»Nun gut«, sagte der Oberst, »aber der andere Franzose, den sie bei sich haben, ist auch kein Priester, wie er behauptet.« »Sicherlich ist er das, so gut wie wir beide. Warum zweifeln Sie daran?« »Schauen Sie sich ihn doch an, wie sonderbar er sich kleidet. Haben Sie schon einmal einen Priester mit einem Zopf gesehen?« »Das haben wir doch schon erklärt. Er mußte sich damals in Frankreich verkleiden, um nicht als Priester erkannt zu werden.« »Und warum hat er das dumme Ding dann noch gepflegt, als er nach Cayenne herüberkam? Wie lächerlich! Ich glaube einfach nicht, daß er ein Priester ist.« So ging es hin und her, der Engländer war nicht zu überzeugen.

Nach einer langen Pause klappte der Oberst den Aktendeckel zu, lehnte sich zurück, schaute die beiden freundlich an und sagte: »Ich glaube Ihnen alles, was Sie mir zu Ihrer Person gesagt haben. Für die beiden anderen soll es meinetwegen auch gelten. Ihr trauriges Schicksal bedaure ich sehr und hoffe, daß Sie bald wieder in Ihre Heimat zurückkehren können. « Nach einer weiteren Pause fügte er hinzu: »Wie wollen Sie nach Europa gelangen? Der Weg ist weit, die Reise teuer. Haben Sie denn noch Ersparnisse, die Sie hierfür verwenden können?«

Custer, dem die Erleichterung deutlich im Gesicht stand, mußte zugeben: »Nein, leider nicht. Wir besitzen nichts. Wir hoffen, daß, wenn man uns die Freiheit gibt, irgendein barmherziger Mensch uns das Geld vorstrecken wird, das wir natürlich sofort nach unserer Rückkehr zurückzahlen werden. Sollte das nicht gelingen, könnten wir auch auf einem Schiff arbeiten, auch als niedrigste Schiffsjungen, wenn wir nur wieder in unsere Heimat kommen.«

Der Oberst hatte sich inzwischen eine Pfeife angesteckt und konnte ein behagliches Schmunzeln nicht unterdrücken: »Das werden Sie wohl nicht nötig haben, meine Herren, ich habe die Vollmacht, Ihnen mitzuteilen, daß Sie bei erster Gelegenheit auf Kosten der englischen Regierung nach Martinique fahren werden. Dort hat der Admiral unserer Flotte seinen Sitz. Er wird Sie von dort aus gratis nach England überführen lassen, von wo aus Sie leicht Ihre Heimat erreichen können. Bis zur Weiterreise können Sie sich gerne hier im Kapuzinerkloster aufhalten.«

Das war es also. Es war geschafft. Am liebsten hätten die beiden den fremden englischen Oberst vor Freude in die Arme genommen. Da das aber nicht passend war, erhoben sie sich mit feuchten Augen, drückten ihm die Hand, stammelten etwas von Dankbarkeit und beeilten sich, zu ihren wartenden Gefährten zu kommen, um ihnen die frohe Botschaft zu verkünden.

4. September 1800 Es dauerte immerhin noch einige Wochen, bis sich die Gelegenheit zur Abfahrt bot. Am 4. September ging die Fregatte »Thannar« auf der Durchreise nach Martinique in der Bucht vor Neu Amsterdam vor Anker. Am nächsten Tag wurden die vier Flüchtlinge mit einer Barkasse zu dem Segler gebracht. Sie wurden dem Kapitän wärmstens ans Herz gelegt, so daß sie während der ganzen Überfahrt mit größter Höflichkeit behandelt wurden. Alle Schiffsoffiziere und Matrosen wollten ihre Bekanntschaft machen und verlangten immer wieder, die abenteuerliche Geschichte ihrer Verbannung und ihrer Flucht zu hören.

15.September 1800 Weniger komfortabel war an Bord eine Gruppe von zwölf französischen Marinesoldaten untergebracht, die von den Engländern verhaftet worden waren bei dem Versuch, ein kleineres Frachtschiff zu kapern und auszurauben. Sie sollten als Kriegsgefangene ins Lager nach Martinique geführt werden. Nicolas Custer konnte sich gegen ein heimliches Gefühl von Schadenfreude nicht wehren, als er die finsteren Blicke der französischen Gefangenen beobachtete. Die Situation hatte sich umgekehrt. Die Priester, die

150

im Namen der Freiheit und Brüderlichkeit lange Zeit wie der Abschaum der Menschheit behandelt worden waren, wurden jetzt als willkommene Gäste an Bord mit Zuvorkommenheit behandelt, während ihre ehemaligen Peiniger gleichzeitig in die Kriegsgefangenschaft geführt wurden.

Nach zehn Tagen auf See, die, abgesehen von einem heftigen Sturm, sehr erholsam waren, passierten sie die Insel St. Lucia mit ihren hohen, sich im Dunst der tiefhängenden Wolken verlierenden Berggipfeln. Am Nachmittag kam die Südspitze von Martinique in Sicht. Unter dem Schutz der Küste segelten sie weiter in nördliche Richtung, bis sie in Höhe von Fort-Royal den Kurs wechselten, um bei günstigem Wind aus Nord-West langsam unter gerefften Segeln in die tief ins Landesinnere reichende Bucht zu gleiten. Da es zu gefährlich war, nach Einbruch der Dunkelheit in den Hafen einzulaufen, und da es um diese Zeit keinen Lotsendienst mehr gab, verbrachten sie die erste Nacht noch weit draußen auf der Reede. Erst am nächsten Vormittag liefen sie schließlich in den Hafen von Fort Royal ein und warfen die Anker.

9. Martinique und St. Lucia

Die »Thannar« hatte noch nicht richtig festgemacht, als die ersten Insulaner mit ihren kleinen Booten ausschwärmten und an Bord kamen. Lauthals boten sie Lebensmittel und alle erdenklichen Dinge des täglichen Bedarfs zum Verkauf feil. Unter den Händlern war ein junger Mulatte, der das Gespräch mit den Priestern suchte, obwohl er ahnte, daß sie ihm nichts abkaufen konnten. Er hatte wohl gespürt, daß es sich bei diesen Passagieren um besondere Menschen handelte, ließ seinen Blick nicht von ihnen ab und hörte ihnen aufmerksam zu. Nachdem sie ihm einiges über ihre Herkunft und ihre Erlebnisse erzählt hatten, dachte er eine Weile nach und sagte schließlich: »Sie wären sicher froh, wenn Sie nach all dieser Zeit Gelegenheit hätten, sich wieder im Kreise von Mitbrüdern aufzuhalten. Auf Martinique gibt es zwei Klöster, ein Kapuzinerkloster in Fort Royal und eine Abtei der Dominikaner in St. Peter, die es sich gewiß zur Ehre machen würden, Sie bei sich aufzunehmen. Ich werde gleich mit meinem Boot an Land fahren und für ihre Unterkunft in einem der Klöster sorgen.« Der junge Mann verabschiedete sich artig und verschwand im lauten, bunten Gedränge, das inzwischen an Deck der Fregatte herrschte, ohne sich weiter um Kundschaft zu bemühen.

Früh am folgenden Morgen legte tatsächlich eine Schaluppe der Hafenverwaltung an, mit dem Auftrag, die Priester zum Kloster der Kapuziner in Fort-Royal zu bringen. Einer der Schiffsoffiziere begleitete sie.

Der erste Eindruck war für Custer, Wagner, Marduel und auch Brochier überwältigend. Als sie sich dem Anlegeplatz näherten, wurden sie von einer jubelnden Menge winkend begrüßt. In vorderster Reihe stand der junge Mulatte. »Ich werde Sie jetzt zum Kapuzinerkloster begleiten, dort freut man sich schon auf Ihren Besuch.« Er ließ es sich nicht nehmen, gemeinsam mit dem Begleitoffizier den Zug anzuführen, der sich jetzt langsam unter dem aufmunternden Beifall der Umstehenden in Bewegung setzte.

Nach kurzem Fußweg erreichten sie auf einer leichten Anhöhe das Kloster. Vor dem Tor wurden sie von vier ehrwürdigen Mönchen erwartet. Der Prior, der sich als Pater Archangelus vorstellte, war ein Mann von etwa 80 Jahren mit schneeweißen Haaren, lebhaften schwarzen Augen und einem überaus freundlichen Gesichtsausdruck. Er kam ihnen, obwohl er einen Gehstock benutzte, mit ausgestreckten Armen entgegen, empfing sie mit dem Bruderkuß und bat sie auf das herzlichste, Gäste in seinem Haus zu sein. Die drei Priester wurden in das Refektorium geführt, wo schon ein einfaches klösterliches Mahl für sie bereitstand. Und wieder mußten sie ihre Erlebnisse von Anfang an erzählen. Und wieder stießen sie auf ungläubig staunende Zuhörer.

Brochier hingegen fand eine Unterkunft in einem der Gasthäuser der Stadt. Von dort wurde er mit dem nächsten Schiff nach England gebracht, wo sich seine Spur verliert.

Für die entflohenen Priester war es ein Gefühl höchsten Glückes, als sie am nächsten Morgen nach so langer Zeit zum ersten Mal wieder das heilige Meßopfer zelebrieren konnten.

Nach der Messe gingen sie in Begleitung des Priors zum Rathaus in die Stadt, um dem Magistrat offiziell ihre Ankunft anzuzeigen. Als vom Prokurator Blanc ein ausführliches Protokoll zu ihrer Person aufgenommen worden war, wurde ihnen gesagt, sie seien als Gäste willkommen und könnten sich so lange im Kloster aufhalten, bis sich eine Gelegenheit zur Rückreise nach Europa biete.

Einige Tage der Ruhe bei dem Prior Archangelus und seinen Mitbrüdern, den Patres Louis, Gregor und Matthias, taten den endgültig Geretteten gut, denn die Nachwehen der Verbannung in Sinamary machten sich erst jetzt richtig bemerkbar. Der Prior besorgte aus der Stadt feines schwarzes Tuch und ließ für seine Mitbrüder neue Anzüge anfertigen.

Der Statthalter Blanc stand in einem freundschaftlichen Verhältnis zu ihnen. Er organisierte sogar eine Kollekte, aus deren Ertrag jeder einen Betrag von etwas mehr als 1000 Franken - für die Priester ein Vermögen - erhielt.

Es dauerte nicht lange, bis das Bedürfnis nach Ruhe zurücktrat gegenüber dem Wunsch, den gastfreundlichen Mönchen auf Martinique bei der Ausübung ihres priesterlichen Amtes zu helfen, denn diese waren mit Aufgaben überhäuft.

Die Kapuziner in Fort Royal nahmen diese Hilfe dankbar an und begannen auch gleich, davon zu reden, wie schön es doch wäre, wenn ihre Gäste ganz bei ihnen blieben. Auf diesen Wunsch verschwendeten die deportierten Priester allerdings keinen Gedanken, denn sie hatten nur ein Ziel, die Rückkehr in ihre Heimatgemeinden.

Eines Abends in trauter Gesprächsrunde wurde Pater Archangelus ernst: »Meine Herren, ich habe Ihnen einen Vorschlag zu machen. Wie wäre es, wenn Sie den Gedanken an Europa aufgäben und hierblieben? Es gibt hier ungeheuer viel zu tun, unsere Kräfte reichen nicht mehr aus. Gott hat Sie so gnädig zu uns geführt, er hat Sie sicher nicht ohne Absicht hierher kommen lassen! Ich will Sie nicht drängen, die Sache hat ja noch Zeit, aber ich kann Ihnen sagen, daß ich mich herzlich freuen würde, wenn ich Sie als Mitarbeiter in der hiesigen Mission gewinnen könnte.« Im Innersten wiesen die Angesprochenen diese Gedanken weit von sich, sagten aber wohl mehr aus Höflichkeit, sie würden darüber nachdenken.

Pater Custer war die nächsten Tage auffallend ruhig und kaum ansprechbar, bis er sich seinen beiden Mitbrüdern offenbarte: »Ich bin bereit, den Wunsch des ehrwürdigen Priors zu erfüllen. Warum muß ich unbedingt nach Europa zurückkehren? Auch hier sind Seelen zu retten. Es scheint mir fast, als habe ein göttlicher Plan uns in diesen Teil der Welt geführt. Ich könnte mir vorstellen, daß hier die Seelsorge noch dankbarer ist als in unserer alten Heimat.«

Tiefes Schweigen war die Antwort von Pater Wagner und Pater Marduel.

Tags drauf teilte Nicolas Custer dem Prior seinen Entschluß mit. Damit entfachte er bei ihm ein derartiges Feuer, daß dieser nicht aufhörte, den beiden anderen Priestern zuzureden, sie sollten doch dem Beispiel Pater Custers folgen. Ihm fielen unendlich viele Gründe ein, die das Hierbleiben zur einzig richtigen Entscheidung machten.

Auch Wagner und Marduel entschlossen sich schließlich, eine neue Aufgabe auf diesen tropischen Inseln anzunehmen. Da einer der vier Kapuziner, Pater Gregor, in diesen Tagen dem Gelbfieber erlegen war, sollte Pater Marduel in Port Royal auf Martinique bleiben und ihn ersetzen. Pater Custer und Pater Wagner wurde jeweils das Amt eines Pfarrers auf der Nachbarinsel St. Lucia übertragen. Pater Custer war mit dieser Lösung höchst zufrieden, zumal er dann in der Nähe seines Gefährten, der ihm während der Deportation ans Herz gewachsen war, sein Amt ausüben könnte.

Tod in St. Lucia

Am Sonntag, es war der 9. November 1800, wurden die beiden neuernannten Priester herzlich von ihren Mitbrüdern verabschiedet und nach Vieux-Fort, St. Lucia übergesetzt. Hier sollte Pater Custer seine seelsorgerische Tätigkeit ausüben. Pater Wagner hatte man die Pfarrstelle in Gros-Islet im Norden der Insel angetragen. Da die Orte weit auseinander lagen, würden sie sich zukünftig nicht sehr oft sehen können. So beschloß Wagner, seinem Mitbruder noch für einige Tage in Vieux-Fort Gesellschaft zu leisten.

Custer hatte sich im Pfarrhaus noch nicht eingerichtet, als ihn ein heftiges Fieber befiel. Er mußte sich hinlegen. Pater Wagner, der nicht von seiner Seite wich, bemerkte unter den Schweißperlen eine Gelbverfärbung der Haut bei dem Patienten, ein untrügliches Zeichen für das tückische Gelbfieber. Nach einem heftigen Fieberkrampf fiel Pater Custer in einen unruhigen Dämmerzustand. Er sah sich auf dem Schoß seiner Mutter in seinem Heimatdorf in Luxemburg, dann als Novize im Franziskaner-Konvent in Namur. Erneut fühlte er den ohnmächtigen Schmerz, als französische Revolutionstruppen das Kloster stürmten, und er, Pater Albertin, die Flucht ergreifen mußte. Er sah sich noch einmal in Trier, sah die Aufnahme beim Bischof und die folgende seelsorgerische Tätigkeit in Itzbach im Tal der Saar, illegal und ständig der Gefahr der Entdeckung ausgesetzt. Es war eine aufregende Zeit, bis schließlich die Verhaftung erfolgte, der Transport nach Rochefort, auf dem er seinen Landsmann Pater Wagner kennenlernte. Noch einmal fühlte er die Enge auf dem Zwischendeck der »Décade«. Die Hütte in Sinamary, der Sturm auf der Flucht nach Surinam ... ein heftiges Schütteln, ein Aufbäumen und Pater Custer fiel in eine tiefe Bewußtlosigkeit, aus der er nicht mehr erwachte. Am Donnerstag, dem 13. November 1800, abends um 11 Uhr starb Pater Custer.

Im Pfarrgarten von Vieux-Fort auf der Insel St. Lucia fand er seine letzte Ruhestätte. Ein schlichtes Kreuz erinnerte an den Märtyrer.

Pater Wagner übernahm seine Pfarrstelle in Vieux-Fort und übte noch 40 Jahre seine seelsorgerische Tätigkeit aus, ohne seine alte Heimat je wiederzusehen.

Epilog

Hundert Jahre! Das ist eine lange Zeit! Die Hand, die einst eifrig die Feder geführt, um dem Freund in der fernen Heimat die Jahre des Schreckens zu schildern, ruht längst im Grabe vermodert. Aber noch reden die Blätter, die der ehrwürdige Greis geschrieben, laut und deutlich. Sie reden von herbem Kummer, bitterm Weh, grausen Schrecken, aber auch von erhabener Tugend und himmlischem Trost. Sie entrollen uns Bilder von bodenloser Schlechtigkeit und unmenschlicher Bosheit, aber sie stellen uns auch herrliche Beispiele von Glaubenstreue und Standhaftigkeit vor Augen. Sie sind ein schlichtes, aber darum nicht wertloses Ehrendenkmal in der Geschichte des katholischen Priestertums.

Soweit Friedrich Dasbach in seinem Vorwort zu der Erzählung *Der Pfarrer von Wincheringen* aus dem Jahre 1895.

St. Martin, Île de Ré

Gemälde von Luc Barbier (1903–1989)

Ausschnitte aus dem Altarbild auf der Île de Ré von Luc Barbier

Inzwischen sind weitere hundert Jahre vergangen und auch die ehrfürchtigen Worte Dasbachs sind längst in Vergessenheit geraten.

Hätte der Zufall uns nicht auf die Spur Nicolas Custers gebracht, eines Priesters, der in unserer Heimatgemeinde wirkte, was wüßten wir heute über die Zeit der Französischen Revolution in unserer Gegend vor über 200 Jahren?

Keine Straße ist nach Pater Custer benannt. Keine Tafel in unserer Kirche erinnert an ihn. In der Schule wird das

Schicksal der deportierten Priester nicht zum Thema gemacht.

Als ein Mitbruder im Hospital von Sinamary dem Fieber erlag, notierte Pater Wagner: *Nie kann ich Deiner vergessen, stets wird Dein Beispiel wie das Bild eines Heiligen mir vor Augen stehen! Ich darf Dich einen Märtyrer des Glaubens nennen.* Ähnliches wird man auch über Nicolas Custer sagen dürfen.

Am 2. Juli 1994 sprach Papst Johannes Paul II. 64 Priester selig, die der ersten Verfolgungswelle von 1794 zum Opfer gefallen waren. Aber es waren eben nur diese ersten Opfer der Revolution. Der späteren Märtyrer wurde noch nicht gedacht.

Heute sucht man vergebens nach der Grabstelle Custers in Vieux-Fort auf der Karibikinsel St. Lucia. In Sinamary

findet sich keine Spur, die auf das Schicksal der Deportierten hindeutet. Selbst in Cayenne, wo Hunderte der deportierten Priester ihr Leben lassen mußten, erinnert nichts mehr an diese Männer. Immerhin steht auf dem Friedhof von Counanama noch ein Gedenkstein, wohin die Diözese von Guyana einmal jährlich eine Wallfahrt organisiert.

Anders auf der Île de Ré. In der Kirche St. Martin erinnert ein großer Altar an die deportierten Priester

1798 – 1801

A LA MEMOIRE

DES PRETRES DEPORTES

Biographische Daten zu Nicolas Custer

1766	geboren in der Provinz Luxemburg
8. Dez. 1796	Vertreibung aus dem Franziskanerkloster Namur, wo er als Pater Albertin lebte
Dez. 1796 bis Nov. 1797	illegale Tätigkeit als romtreuer, ungeschworener Priester in Itzbach und Umgebung
25. Okt. 1797	Verurteilung zur Deportation
11. Nov. 1797	Verhaftung in Itzbach oder Eimersdorf
16. Nov. 1797	Einlieferung ins Gefängnis in Metz
22. Jan. 1798	Abreise von Metz
27. Feb. 1798	Ankunft in Rochefort
21. März 1798	Auslaufen der »Charente«
23. Apr. 1798	An Bord der »Décade«
13. Juni 1798	Landung in Cayenne
Aug. 1798	Übersiedlung nach Sinamary
19. Juni 1800	Flucht aus Sinamary
23. Juni 1800	Ankunft in Marony, Surinam
15. Sept. 1800	Überfahrt nach Martinique
9. Nov. 1800	Ankunft in Vieux-Fort, St. Lucia
13. Nov. 1800	Tod in Vieux-Fort, St. Lucia

Personenregister

Ortsregister

Anmerkungen

1   Heute Fort-de-France

2   Wagner, J. M., La déportation du jeune prêtre, Handschrift ohne Jahr, ca. 1820, Original bei Prof. J. Lahr, Luxemburg

3   Gain, A., Liste des émigrés, déportés et condamnés pour cause révolutionnaire du département Moselle 1791-1800, Metz, 1929

4   Vgl. Lahr, J., Die Odyssee von Michel Wagner, Jahrbuch, Niederdonven, 1986 und
ders., Neue Forschungsergebnisse über Johann Michel Wagner, Jahrbuch Niederdonven, 1993

5   Vgl. Service Historique de la Marine, Hg. M. Fardet, Rochefort, Nr. 21.900

6   Aymé, J.J., Déportation et naufrage de J. J. Aymé, ex-législateur, Paris, 1800

7   Hausser, E., Voyage forcé à Cayenne, dans les deux Amériques et chez les Anthropophages, par Louis-Ange Pitou, Club français du livre, Paris, 1962

8   Dasbach, F, (Hg.), Novellenkranz, eine Sammlung von Erzählungen, 31. Bändchen, darin: Ehrlich, Peter, Der Pfarrer von Wincheringen, ein Opfer der französischen Revolution, Trier, 1895 sowie Freymann, P., Leben und Wirken des deportierten Priesters Johann Michel Wagner. Nach dessen Memoiren und Briefen sowie nach der Tradition bearbeitet, Luxemburg, 1861

9   Dorvaux, N., Lesprand, P., Cahiers de Doléances des Communautés en 1789, Metz, 1908, Hg: Gesellschaft für lothringische Geschichte und Altertumskunde

10 Herrmann, H.-W. (Hg.), Die Französische Revolution und die Saar, Ausstellungskatalog, St. Ingbert, 1989, S.45

11 Dorvaux, N., Lesprand, P., S. 361

12 Die Monate des französischen Revolutionskalenders:

Herbst

Vendémiaire (Weinlesemonat)
Brumaire (Nebelmonat)
Frimaire (Reifmonat)

Winter

Nivôse (Schneemonat)
Pluviôse (Regenmonat)
Ventôse (Windmonat)

Frühling

Germinal (Keimmonat)
Floréal (Blütemonat)
Prairial (Wiesenmonat)

Sommer

Messidor (Erntemonat)
Thermidor (Hitzemonat)
Fructidor (Fruchtmonat)

13 www.prêtres.déportés.net abgerufen am 25.10.06

14 Lesprand, P., Le clergé de la Moselle pendant la révolution, tome IV, Metz, 1939

15 J. W. von Goethe, Italienische Reise, Rom, 3. Nov. 1786, Frankfurt a.M., 1976

16 Herrmann, S. 45

17 Jakob, A., Die Siersburg im Wandel der Jahrhunderte, Saarlouis, 1958, S. 125 ff.

18 Müller, G., Die Einwohner von Rehlingen und Siersburg vor 1850, Saarlouis, 1987

19 Hepp, K., Die letzten Jahrzehnte französischer Herrschaft in Saarlouis 1793 – 1815, Saarbrücken 1934

20 Lesprand, P., Le clergé

21 Paquet, R., Bibliographie analytique de l'histoire de Metz pendant la révolution, S.1055

22 Hilt, J., Kirche und Pfarrei St. Martin in Siersburg, Siersburg, 1987

23 Moll, M.C., Geschichte der Stadt Saarlouis, Bd. 3, Gewaltherrschaft zur Zeit der französischen Revolution, Saarlouis, 1980

24 Schriftl. Mitteilung von Pater Alexis Coenen, Institut voor franciscaanse geschiedenis, Sint Truiden, 2002

25 Anonyme unveröffentlichte Abschrift von 1939, liegt den Autoren vor, Siersburg, 2007

26 Hier erwähnt Siebenborn irrtümlich den Namen Halsdorfer. Es kann sich in diesem Fall aber nur um Nicolas Custer handeln. Halsdorfer kam nicht aus Luxemburg, sondern aus Wallerfangen bzw. Fremersdorf, wo er 1791 und 1792 bereits als geschworener Pfarrer tätig war. Er fiel 1795 in Ungnade, weil er sich weigerte zu heiraten(!). 1801 wurde er begnadigt und erscheint dann als Pfarrer von Rehlingen und später Fraulautern.

27 Paquet, S.720 im Orginal: Citoyens, Je suis détenu ici depuis neuf jours sans que l`on m`ait fait subir encore aucun interrogatoire et sans que je sois instruit du sujet de mon arrestation. On dit, il est vrai, que le Directoire m`a condammné à la déportation, mais nulle pièce ne m`ayant encore été signifiée, je ne puis faire fond sur des bruits vagues et peut-être sans fondement. Je vous prie donc, citoyens, de me faire comparaître au Tribunal selon le voeux de la loi et si je suis déjà condamné, je demande l´exécution de la sentence, n`y ayant rien qui dût dès lors me retenir ici. Salut et respect Nicolas Custer.

28 Paquet, S.720

29 Heute Étain

30 Châteauneuf-sur-Loire

31 Wagner, J.M.

32 St Maure de Touraine

33 Hausser, S.37

34 Hausser, S.40

35 Service Historique de la Marine, Nr.21.900

36 Wagner, J.M.

37 Hausser, S.62ff.

38 Heute Nieuw Amsterdam

Bildnachweis

S. 9   Auszug mit freundlicher Genehmigung von Joseph Lahr, Niederdonven, 1986

S.16   Plakat von 1793 aus dem Elsass mit freundlicher Genehmigung des Verlags für europäisches Denken, Jork in: *http://www.europaeisches-denken.de/content.html#a500* vom 28.3.2007

S. 18   Teller von 1790, Museum Carnauvadet, Paris, Photografie von Louis Fernandez Garcia, 24.7.2005 aus:fr.wikipedia.org/wiki/Constitution_civile_du_clerg%C3%A9 vom 29.3.2007, freie Nutzung unter selben Bedingungen, wie dargelegt in:*http://creativecommons.org, 2,5*

S. 19   nach Atlas historique du diocèse de Metz, hg. von G.Bourgat, N. Dorvoux, Montigny et Metz, 1907

S. 20   *http://www.bagne-guyane.com* unter >les Origines< mit freundlicher Genehmigung von Franck Sénateur

S. 23   Papst Pius VI aus: *http://www.izrael.badacz.org/histo ria/prawa1.html* vom 24.4.2007

S. 25   Itzbacher Schloss: Photo: Privatbesitz

S. 26   Karte von Itzbach, Versailles 1735, Quelle: cartes naudin

S. 27   Streitschrift aus:Herrmann,H.-W.(Hg.),Die französische Revolution an der Saar, St- Ingbert, 1989, S. 49

S. 28   Haus Kiefer, Photo: Privatbesitz

S. 29   Itzbacher Kirche von Norden Photo: Privatbesitz

S. 29   Itzbacher Kirche von Westen Photo: Privatbesitz

S. 30   Kirchenportal von Clermont aus Art.:être suprême in:*http://fr.wikipedia.org/wiki/Culte_de_la_Raison_et_de_l'%C3%8Atre_Supr%C3%AAme*

vom 29.3.2007 Photo und Rechte bei: Romary, August 2006

S. 31   Bild zum Festtag zu Ehren des höchsten Wesens, aus Art.: être suprême in: *http://fr.wikipedia.org/ wiki/Culte_de_la_Raison_et_de_l'%C3%8Atre_ Supr%C3%AAme* vom 29.3. 2007

S. 35   Clemens Wenzeslaus, aus Art.: Clemens Wenzeslaus in: *http://de.wikipedia.org/wiki/Bild: Kurf%C3%BCrst_Klemens_Wenzeslaus.jpg* vom 29.3. 2007

S. 36   Kloster in Namur, Photos von André Delacharlerie unter: *http://www.delacharlerie.monrezo.be* unter: Namur - L'Hôpital d'Harscamp

S. 36   Haus Dohr, Eimersdorf, Privatbesitz

S. 38   Chronik Pfarrer Siebenborn, Pfarrarchiv Fraulautern

S. 42   Wagner Tagebuch, Joseph Lahr, Niederdonven, 1986

S. 44   Sainte Ménehoult, Photo: W.Klemm

S. 44   Châlons-en-Champagne: Privatbesitz

S. 46   Gefängnis Acis-sur-Aube, Photo: W. Klemm

S. 51   Bellegarde, Photo: W. Klemm

S. 52   Châteauneuf-sur-Loire, Privatbesitz

S. 53   Orléans, Privatbesitz

S. 56   Blois, Privatbesitz

S. 57   Amboise, Privatbesitz

S. 61   St. Maixent, Photo: W. Klemm

S. 62   Krypta St. Léger, St. Maixent, W. Klemm

S. 63   Karte Metz-Rochefort

S. 65   altes Wappen von Rochefort/La Rochelle

S. 65   Rochefort: Elisabeth Hausser, Club français du livre, Paris, 1962, S.107

S. 66   Stadtplan Rochefort Ausschnitt, Privatbesitz

S. 67   Liste der Deportierten: Service Historique de la Marine, Rochefort, Nr.21.900

Literatur

AYMÉ, J. J., Déportation et naufrage de J. J. Aymé, ex-législateur, *Paris, 1800*

BLOMME, Y., Les prêtres déportés, *La Rochelle, 1992*

COENEN, A., schriftliche Mitteilung, Institut voor franciscaanse geschiedenis, *Sint Truiden, 2002*

DASBACH, F., (HG.), Novellenkranz, eine Sammlung von Erzählungen, *31. Band, darin: Ehrlich, P.,* Der Pfarrer von Wincheringen, ein Opfer der französischen Revolution, *Trier, 1895*

DORVAUX, N., LESPRAND, P., Cahiers de Doléances des Communautés en 1789, *Metz, 1908, hg. von Gesellschaft für lothringische Geschichte und Altertumkunde*

FREYMANN, P., Leben und Wirken des deportierten Priesters Johann Michel Wagner. Nach dessen Memoiren und Briefen sowie nach der Tradition bearbeitet, *Luxemburg, 1861*

GAIN, A., Liste des émigrés, déportés et condamnés pour cause révolutionnaire du département Moselle 1791 – 1800, *Metz, 1929*

GOETHE, J. W. VON, Italienische Reise, *Eintrag vom 3. Nov. 1786, Frankfurt a.M., 1976*

GULDEN, A., Saarlouis 300, *Historische Revue, 1980*

HAUSSER, E., Voyage forcé à Cayenne, dans les deux Amériques et chez les Anthropophages, *par Louis-Ange Pitou, Club français du livre, Paris, 1962*

HEPP, K., Die letzten Jahrzehnte französischer Herrschaft in Saarlouis 1793 – 1815, *Saarbrücken, 1934*

HERRMANN, H.-W., (HG.), Die Französische Revolution und die Saar, Ausstellungskatalog, *St. Ingbert, 1989*

HILT, J., Kirche und Pfarrei St. Martin in Siersburg, *Siersburg, 1987*

JAKOB, A., Die Siersburg im Wandel der Jahrhunderte, bearbeitet im Auftrag des Heimat- und Verkehrsvereins
Siersburg nach archivarischen Quellen, *Saarlouis, 1987*

KARGE, G., Der Französisch-Republikanische Kalender,
Herausgeber: Der Landrat des Landkreises Saarlouis,
2. verbesserte Auflage, 1992

LAHR, J., Die Odyssee von Michel Wagner, *Jahrbuch, Niederdonven, 1986*

LAHR, J., Neue Forschungsergebnisse über Johann Michel
Wagner, *Jahrbuch Niederdonven, 1993*

LESPRAND, P., Le clergé de la Moselle pendant la révolution, *tome IV, Metz, 1939*

MOLL, M.C., Geschichte der Stadt Saarlouis, Bd. 3, *Gewaltherrschaft zur Zeit der französischen Revolution, Saarlouis, 1980*

MÜLLER, G., Die Einwohner von Rehlingen und Siersburg
vor 1850, *Saarlouis, 1987*

PAQUET, R., Bibliographie analytique de l'histoire de Metz
pendant la révolution, *Paris, 1926*

SCHMITT, J., Revolutionäre Saarregion 1789–1850, *Ge-
sammelte Aufsätze, St.Ingbert, 2005*

SELLNER, A. C., Immerwährender Päpstekalender, *Frankfurt am Main, 2006*

WAGNER, J. M., La déportation du jeune prêtre, *Handschrift
ohne Jahr, ca. 1820, Faksimile bei den Autoren, Siersburg,
2007*

Dank

Dieses Buch konnte nur mit der Unterstützung zahlreicher Personen entstehen.

Hier sei an erster Stelle Prof. Dr. Joseph Lahr aus Luxemburg genannt. Seine jahrelangen intensiven Nachforschungen über Johann Michel Wagner, einen Priester aus Wincheringen, bildeten den Grundstock für unsere weitere Suche. Auch hat er das Originalmanuskript von Pastor Wagner gefunden und uns bereitwillig zur Verfügung gestellt. Viele Details aus dem Leben Pater Custers sind uns nur aus diesem Text bekannt geworden.

Alfred Gulden hat uns erlaubt, seinen Text aus der Revue »Saarlouis 300« zu verwenden.

Wir danken allen Bibliothekaren und Archivaren, die uns bei unserer Suche unermüdlich unterstützt haben. An dieser Stelle seien besonders erwähnt:

Herr Helmut Grein vom Kreisarchiv Saarlouis, Pater Alexis Coenen vom Institut voor franciscaanse geschiedenis in St. Truiden, M. Marc Fardet vom Service Historique de la Marine in Rochefort und Herr Georg André von der Stadtbibliothek Saarlouis.

Frau Hilla Heintz (BDÜ) war uns bei den interkulturellen deutsch-französischen Kontakten eine große Hilfe.

Unser Kollege Dr. H.O. Fries stand uns mit vielen guten Ratschlägen auf dem Gebiet der Theologie und der Computertechnik aufmunternd zur Seite.

Wir danken allen, die uns Bilder, Graphiken und sonstige Dokumente zur Verfügung gestellt haben. Hier seien stellvertretend für alle Herr Martin Barbian vom Antiquariat Barbian und Grund, Saarbrücken, sowie Monsieur Franck Sénateur aus Raincy, Frankreich, genannt.

Unterstützt wurde die Veröffentlichung durch Ortsvorsteher R.Jost, MdL, die KSK Saarlouis, Saartoto sowie das Ministerium für Bildung, Kultur und Wissenschaft des Saarlandes.

Werner Klemm   *Hans-Dieter Eggers*

Über die Autoren

Dr. Werner Klemm, Jahrgang 1948, geboren in Friedrichsthal. Nach Medizinstudium in Homburg und Weiterbildung an der Universitäts-Kinderklinik Tübingen seit 1977 in Siersburg, Kreis Saarlouis, als Arzt für Allgemeinmedizin niedergelassen.

Bisherige Veröffentlichungen:
• *Zauberhafte Pflanzen, Rekonstruktion eines mittelalterlichen Gartens mit Zauber-, Liebes- und Hexenpflanzen in Siersburg, Siersburg, 1987*
• *Nur auf der Grenze sind wir zuhause, Merzig, 2002*
• *Probatum est, Altbewährte Rezepturen aus dem Fremersdorfer Schloss, Merzig, 2004 zusammen mit H.-D. Eggers*
• *Lothar Kahn, Der Weg ins Exil – Erinnerungen eines Rehlingers; hrsg. und kommentiert von Werner Klemm, aus dem Amerikanischen von Fritz Rüdell (und Werner Klemm); Saarbrücken 2001*

Hans-Dieter Eggers, Jahrgang 1944, in Hamburg aufgewachsen. Nach Medizinstudium in Homburg und Weiterbildung zum Facharzt für Urologie seit 1980 als Arzt für Allgemeinmedizin in Gemeinschaftspraxis mit Dr. Klemm in Siersburg verbunden.

Bisherige Veröffentlichungen:
• *Probatum est, Altbewährte Rezepturen aus dem Fremersdorfer Schloss, Merzig, 2004, zusammen mit W. Klemm*

Lesen Sie ebenfalls aus der Reihe Libri Vitae

Bernhard Trittelvitz
Meine Patienten die Kumpels und ich

Reihe Libri Vitae XIV
Vorwort von Sylvia Hudalla, Saarländischer Rundfunk
erscheint Herbst 2007
160 Seiten
Paperback, ISBN 978-3-936950-66-3
14,90 €

27 Jahre Arzt an der Saar   Der Rügener Arzt kommt für die Knappschaft 1907 in die damals zur Rhein-provinz gehörende Saargegend, wo er als Allgemeinarzt in Spiesen und Elversberg arbeitet. Was die Leute damals gedacht und gesagt haben, schildert er beispielhaft mit Humor und dem Blick von außen für die Jahre 1907 bis 1934, als das Buch erstmals bei Köhler&Amelang in Leipzig erschien. Trittelvitz gelingt mit den tagebuchähnlichen Aufzeichnungen eine der besten Schilderungen der Lebenssituation der Bevöl-kerung an der Saar vor, während und nach dem Ersten Weltkrieg.

Dieter Gräbner; Stefan Weszkalnys
Der ungehörte Zeuge

Reihe Libri Vitae XI
172 Seiten, 63 Abbildungen,
Paperback, ISBN 978-3-936950-45-8
14,90 €

Kurt Gerstein, Spion im Lager der Mörder   In der ersten Szene in Rolf Hochhuths Doku-Drama „Der Stellvertreter" sucht der SS-Offizier Kurt Gerstein den päpstlichen Nuntius auf, um ihn darüber zu infor-mieren, dass „täglich mehr als zehntausend Juden ermordet, vergast" werden - vergebens. Der Journalist Dieter Gräbner und der Historiker Stefan Weszkalnys haben durch Gespräche mit Zeitzeugen und neu gefundenen Dokumenten dem Psychogramm Gersteins neue Seiten hinzugefügt. Der „Gerstein-Bericht" im Original vervollständigt die lebendige Erzählung eines umstrittenen Lebens.

Johannes Meiser
„Auch dafür danke ich dem lieben Gott!"

Reihe Libri Vitae IX
180 Seiten, zahlreiche Abbildungen
Paperback, ISBN 978-3-936950-35-9
14,90 €

Erlebnisse und Erinnerungen eines alten Bergmannes
Johannes Meiser (1855-1918) hat als Bergmann den Wandel zur industriellen Produktion der zweiten Hälfte des 19. Jahrhunderts erlebt und erlitten. Er war Zeitgenosse der gewerkschaftlichen Organisation unter Nikolaus Warken. In seiner Militärzeit konnte er seinen regionalen Horizont erweitern. Humor und Milde durch seinen Gottesglauben lassen die Erinnerungen nicht als Abrechnung, sondern als lebendigen Rückblick in eine entschwundene Zeit erscheinen. Editiert von Heidelinde Jüngst-Kipper (†) und Dr. Karl Ludwig Jüngst .

Gerd Schäfer (Hrsg.)
Dickwanst und Nassauer

Reihe Libri Vitae XII
116 Seiten, 4 s/w Abbildungen, Paperback,
ISBN 978-3-936950-36-6, 11,90 €

Humboldts Verleger Friedrich Schöll   Friedrich Schöll (1766-1833) war der erste Verleger Alexander von Humboldts und eine der schillerndsten Figuren des Geisteslebens Deutschlands und Frankreichs zwischen Französischer Revolution und Wiener Kongress. Heute ist der Saarbrücker zu Unrecht weitgehend vergessen. Gerd Schäfer hat einen autobiographischen Text von 1821 wiederentdeckt. Er wird ergänzt um ein bildhaftes Porträt Schölls von Felix Eberty, ein Vorwort und einige Abbildungen, die das Leben dieses außergewöhnlichen Grenzgängers plastisch werden lassen.

Carola Stahl
Die Eidechse

Reihe Libri Vitae VI
Mit einem Nachwort von Doris Müller
172 Seiten,Paperback,
ISBN 978-3-936950-23-6, 9,90 €

Geschichte eines Hüttenmanns (1939-1986)   „Eidechsen wächst der Schwanz nach!", hatte der Großvater gesagt, und er hatte Recht behalten. Dies ist das schlüssige Sinnbild für Norbert Bieschs Lebensgeschichte, aufgeschrieben von Carola Stahl. Die Jahre der Kindheit mit Krieg und Evakuierung, die Lehre im Eisenwerk „Völklinger Hütte". Erzählt wird von Liebe, Familie und harter Arbeit. Während der Genesung nach einem Arbeitsunfall ziehen die Bilder des Lebens vorbei. Carola Stahl gibt dieser exemplarischen Lebensgeschichte eine Stimme.

W. und E. Schuh, M. Schlinkmann (Hg.)
Das Journal
des Philippe de Vigneulles

Reihe Libri Vitae V
352 Seiten mit zeitgenössischen Abbildungen
Hardcover, ISBN 978-3-936950-16-8, 29,90 €

Aufzeichnungen eines Metzer Bürgers (1471-1522)   „Ein reicher Tuchhändler in der freien Reichsstadt Metz hält seine Erinnerungen fest. An Lebensmittelpreise und Ehezwistigkeiten, an Hinrichtungen und Unwetterhäufungen, an seine Haftzeit, seine Romreise und die Kirchen in Köln, an Mysterienspiele, Hunger und Pest. Ein selten lebhaftes Dokument des Alltags in der frühen Neuzeit." Elisabeth von Thadden, Die Zeit, 10.08.2006

Adele Thelen
Glück am Abgrund

Reihe Libri Vitae III
184 Seiten, Paperback,
ISBN 978- 3-936950-01-4, 14,90 €

Lebensbericht einer Zeitzeugin   Adele Thelen wurde 1922 geboren. Zusammen mit ihrer Familie erlebte sie in der Grenzregion, im Exil und auf der Flucht das Elend des 3. Reichs und des Krieges. Dass sie in ihrem Lebenswillen nicht gebrochen wurde, nötigt Respekt ab und macht Mut. „Gut, dass sie diese Beispiele für gelebte Zivilcourage in Zeiten der Diktatur nun in diesem Zeitdokument aufgeschrieben hat." (Aus dem Vorwort von Dr. Burkhard Jellonnek, Landeszentrale für politische Bildung des Saarlandes)